给孩子讲历史

孙浩　编著

中国華僑出版社
·北京·

图书在版编目 (CIP) 数据

给孩子讲历史 / 孙浩编著 . — 北京 : 中国华侨出版社，2007.12（2024.1 重印）

ISBN 978-7-80222-508-4

Ⅰ. ①给… Ⅱ . ①孙… Ⅲ . ①中国—历史—青少年读物 Ⅳ . ① K209

中国版本图书馆 CIP 数据核字（2007）第 178617 号

给孩子讲历史

编　　著：孙　浩
责任编辑：刘晓燕
封面设计：朱晓艳
经　　销：新华书店
开　　本：710 mm × 1000 mm　1/16 开　　印张：13　　字数：160 千字
印　　刷：三河市天润建兴印务有限公司
版　　次：2007 年 12 月第 1 版
印　　次：2024 年 1 月第 2 次印刷
书　　号：ISBN 978-7-80222-508-4
定　　价：49.80 元

中国华侨出版社　北京市朝阳区西坝河东里 77 号楼底商 5 号　邮编：100028
发 行 部：（010）64443051　　传　　真：64439708
网　　址：www.oveaschin.com　　E-mail：oveaschin@sina.com

前言

Preface

当你掀开第一页书时，你已经站在历史的门口。放眼望去，这里有绚烂美丽的神话传说，有风起云涌的朝代兴衰，有大义凛然的民族气节，有机智灵巧的智慧故事，有勤奋不倦的学习精神……

以史为鉴，可以知荣辱，可以知兴衰；

以史为鉴，可以明事理，可以掘智慧。

历史是一座拥有丰富宝藏的仓库，永远对所有人敞开着，寻找到它的人马上就富可敌国，而不去寻找的人永远一贫如洗。

几乎没有一位建功立业的人敢说自己从来没有读过史书，从来没有吸取过历史中的教训经验的。

每一位帝王都是历史的好学生；每一位能工巧匠都是从先辈积累的经验中探寻新的方法；每一位科学家都是在已有知识的指导下进行发明创造；每一位学究大师都是饱读了古代圣贤的教导。他们继承了先辈的智慧，并将它永远发扬下去，终于凝结成知识海洋中一朵奇妙的雪浪花。

我们伸出双手，摘到的是历史果实，品尝到的是经验的甘美；

我们迈开脚步，踏入的是学习花园，收获到的是知识的芬芳；

我们张开怀抱，拥到的是智慧天空，收集到的是睿智的清新；

我们挂上微笑，牵手的是广阔胸怀，握到的是品德的纯真。

学习，可以改变一个人的人生轨迹，可以战胜困境，战胜噩运。而历史，则决定着将从中学到什么和学到的东西价值几何。

走进历史，用好奇的心灵去触碰每一颗银河中的星星，它会送给你用聪明作为丝线织成的华彩夺目的外衣，会送给你用高尚打磨而成的水晶心灵。

走进历史，定格一眼悲凉，搜寻几缕快乐，你会发现，原来事情都是惊人的类似，然后就可以在脑中计划你未来的生活。

走进历史，抛下烦恼的包袱，把解决问题的主意一网打尽，然后就可以来去自如，游山玩水，尽情享受。

走进历史，你看到的绝不只是过眼烟云，很可能会发现早已被撰写好的人生，然后你看到了其中的不足，提起神笔来轻轻地改的精彩一些。

历史，沉甸甸地压在心上，你的，我的，大家的。早一点了解它，就是早一步开启智慧，快人一步地修习得智慧的法则。让我们在浩瀚的史海中咀嚼那些最可口的果实吧，它所营养的是人格，是品德，是大脑，是人一生中最宝贵的最让人受益无穷的东西。

目 录

Contents

历史上朝代更迭的故事

第二章 历史上忠奸相对的故事

第三章 历史上将帅打仗的故事

第四章 历史上解决疑难的智慧故事

历史上交友重情的故事

历史上立志求学的故事

历史上发奋求成的故事

第八章 历史上修德重节的故事

第九章 历史上发明创造的故事

第十章 历史上神童的故事

第一章

历史上朝代更迭的故事

泱泱中华，上下五千多年的光辉历程，多少兴衰，多少荣辱，多少令人慨叹的人物，多少令人怆然泣下的故事。

如果说中华的年轮是一个车辙，那么在它行进的路途中，每每轧进芳香的泥土，都会留下一个印迹，一个代表文明的印迹，一个讲述时光的印迹。

五千年是一个大舞台，在它上面，表演出无数的兴亡盛衰，悲欢离合，留给人们几多教训，几多沉思。

朝代的更迭就像四时的花朵，竞相开放。初绽时鲜艳美丽，凋落时心碎断肠。

让我们推开那扇通往古代的大门，重温久已蒙尘的历史，回味中华魅力的足迹。

1 禹传启，家天下

夏禹治水13年，倾尽全力，三过家门而不入。最终以疏通河道之法，治理了泛滥的黄河水，也为自己赢得了威望和天下。他分九州，制九鼎，大会诸侯，终结了禅让制，传位于子启，也就是夏朝的创始人。

启很贤俊，天下都希望他当天子。

但是一个东方的部族有扈氏抗命不服，启挥师讨伐他，大战于甘。经过激烈的战争终于灭掉了有扈氏，天下都来朝贺，启不仅巩固了自己的帝位，还维护了自己建立的第一个奴隶制国家——夏朝。

启登上王位后，对大禹时代的部落联盟体制进行了彻底改革，确立起以国王为中心的等级森严的国家机构，打破血缘关系为基础的原始部落界限，按照居住地域把居民划分为若干区域，并设置地方官吏进行管理，这是国家区别于旧的原始氏族组织的特点之一。

启很有作为，但又是一个很会享乐的君主。他自幼生活在民间，知道一些民间百姓生活的疾苦，上台初期，他还能严于律己，赏罚分明，勤勤恳恳地为老百姓做事，所以得到人民的拥戴。但是在政权稳定之后，他开始享乐起来。他首先是大兴土木，修建了华丽的王宫和钧台，整天在宫中游乐。

启在位9年，就因为花天酒地得了重病死了，他的大儿子太康继承了王位。

太康比他父亲有过之而无不及，整日游玩田猎。时间一长，又嫌在都城附近打猎游玩已不足兴，于是跨过洛水以南，而且越玩越远，一直去了 100 天都没有返回都城。

本来太康即位以后，不务正业，人民就有怨恨之言，诸侯、方国也开始产生离心。他跨过洛水去打猎，而且长时间不返国都，就给地处黄河以北有穷国的主伯后羿造成了进攻的机会。

约公元前 1948 年，后羿赶走太康的儿子相，夺取王位，号称“帝羿”，史称“后羿代夏”。

羿掌权后，并未吸取太康的教训。当时，国内矛盾重重，统治极不稳固，他却只喜欢打猎玩乐。后来他又被手下的大臣寒浞杀死，亲手葬送了自己夺来的国家。后来，寒浞还想把启的重孙少康杀掉，可是这个孩子却侥幸活了下来并长大成人。在寒浞的追杀下，少康逃到远一些的有虞国(今河南虞县)。有虞氏是虞舜的后人，首领虞思看到少康很有出息，叫他在部落里担任管理膳食的官。看到少康为人可靠，不久又把自己的女儿嫁给他，并且把一块叫纶的地方交给他管理。

少康在自己的封地上废除了奴隶，鼓励生育，重视农业，发展生产，不到 20 年就把纶治理得十分富强。不久后又逃到鬲 (今山东德州)。父亲的部下靡找到了他，他们细心谋划了复国的大计。晚年的寒浞重蹈荒淫无度的覆辙，整天吃喝玩乐不理政事，大臣们分崩离析，少康认为这时可以动手了。他先派大将女艾和儿子杼去灭戈，斩去寒浞和他的羽翼，出色地完成了任务。不久，又传来寒浞病死的消息，少康趁机发兵，直奔都城安邑。

就这样，天下又回到了夏禹子孙的手里。这件事，历史上称为“少康复国”。

少康即位后励精图治，他治国有方，爱惜民力，发展生产，很快使夏国恢复了元气。各地诸侯也纷纷来朝，出现了兴旺发达的气象，历史上称为“少康中兴”。

少康61岁时去世。据说从他开始，夏朝学会了用高粱造酒。

少康在位17年，把都城从阳夏（今河南太康）迁到原（今河南济源），对夏王朝的恢复和发展做出巨大贡献，历史上把他看作禹之后的又一个明君，他也是夏朝根基的奠定者。

知识小述

夏朝的建立在当时是对生产生活有极大的好处的，它的到来结束了氏族公社的部落生活，将非常有力地推动社会生产力的向前发展。正是因为有了强大的中央集权制国家，人们才能被大规模地组织生产和保家卫国，才能创造文化，向更高的文明层次发展。

2 商汤灭夏

夏朝在少康中兴之后，有过较长一段的平衡发展期，但好景不长，57年后，孔甲当上了皇帝。这位君王是深信事情都是老天爷决定的，所以每天就知道吃喝玩乐，伺候鬼神，不理朝政，是历史上一个荒唐的皇帝。

孔甲传位于皋，皋的孙子叫履癸，即夏桀。桀是夏的最后一个皇帝，历史上有名的暴君。

据说桀力大无穷，能生擒老虎。他曾东伐有施氏，有施氏战败，献城投降，桀还宣称要把有施氏灭族。有施氏害怕了，就投其所好，在全族中挑选了一名美女叫妹喜献给了桀，这才免除被灭族。

妹喜天生丽质，桀有了她，便什么也不顾了。桀宠爱妹喜，为了讨得妹喜的欢心，在夏都特地建一座华丽的宫殿。尽管这样也难得妹喜一笑，桀很是犯愁。一天，侍女们撕锦时，妹喜听到那“嘶”的一声竟大笑起来，于是桀命人撕锦给妹喜听，以博得美人的笑容。仅此一事，费钱何止上千万。

还有一次，他想看妹喜受惊吓的状态，竟然把老虎放入市场，吓得人们没命地四处奔跑。他还在宫中修了一个大酒池，把肉挂起来，称作“酒池肉林”，大摆宴席，供3000人大吃大喝。

在桀的暴政下，夏朝出现了衰亡的气息。

这时，夏朝的商部落逐渐强大起来。

商是居住在黄河下游的一个历史悠久的部落，它的祖先契曾经帮助大禹治过水。从契到有作为的子孙汤一共传了14代了，并建立了一个与夏朝共存的小国。

后来商在汤的励精图治下变得非常强大后，汤就准备攻打夏朝，推翻桀的暴政，于是公元前17世纪，夏商两军在鸣条（今河南封丘东）开战了。

两军交战后，商军个个奋勇，人人当先，而夏军则士气低落，勉强抵挡一阵，便呼啦一下溃逃下去。夏桀只带了500名随从南逃。汤和伊尹率军紧追不放，夏桀逃到了南巢(今安徽寿县东南)，商军追至南巢，夏桀又想从南巢逃跑，刚走到城门口就被商军捉住。汤将夏桀流放到南巢的亭山，三年后，夏桀忧愤郁闷而死。

商汤战败了夏朝军队后，乘胜进军，没费多大气力便攻入夏都城，他在那里祭祀了天地，便带兵回到自己原来的驻地。

这时商的声威已达于四方，各地的诸侯、方伯以及大大小小的氏族、部落的酋长们都纷纷携带方物、贡品来朝贺，表示臣服于汤。

汤对来朝贺的诸侯皆以礼相待，汤自己也只居于诸侯之位，表示谦逊。其后，他在各诸侯的拥戴下登上天子之位，宣告商王朝的成立。经过20年征伐战争，汤统一了黄河中下游地区，影响达于上游，统治区域空前辽阔。

成为一个强大的奴隶制帝国。

知识小述

商朝建立之后，汤开始恢复生产并且减轻了人民负担，使得经济进一步提高。使生产力得到巨大发展，并使古代文明的进步获得转机，它使中国成为与埃及、巴比伦并称的上古文明国家的代表。

但与此同时，汤还制定了纣王制，如砍头、断足等酷刑，动不动就有数十、数百人被处死，这也是奴隶制残暴和血腥统治的体现。

3 武王伐纣

公元前 11 世纪的一天，中原东部一个开阔的旷野上两支军队摆开了阵式。战争的一方是被称为人方的东夷人，另一方是由纣王统领着的商朝军队。

纣王军队服装整齐，兵士们举着青铜制作的戈、矛、戟、钺，拿着极先进的弓箭，不少将官还穿上了青铜甲胄。而东夷人衣衫不整，手里的武器也参差不齐，只有部分兵士拿着简陋的青铜武器，大部分人拿的还是石刀、石斧，甚至是木棒。

战斗开始了，夷人以血肉之躯抵挡住了纣王军队的进攻。

远远地站在山坡之上的纣王嘴角露出一丝轻蔑地笑，“传令下去，调象军。”几百头头饰战徽，身绘怪异符号的大象在驭手们的驾驭下由丛林中狂奔出来，直扑阵前。东夷人哪里见过这阵势，胆大的丢下武器没命地奔逃，胆小的被吓得连步也迈不动，呆在原地，直到被大象撞踩而死。

纣王趁机挥师追击，夷人大败，一批一批地成了俘虏。东夷的大多数部落都投降了商朝。纣，名受辛。庙号帝辛，是商朝的第 30 位王，武丁的第 7 代孙。

纣是商朝的最后一个王，商朝 600 年的天下，便是在他手里葬送的。据说，纣身材高大，长得特别漂亮；也很聪明，对复杂的事情能很快做出判断。他的力气大得惊人，能够徒手跟猛兽格斗，能把铁钩拉直，把铁条拧成麻花。有一次，王宫的一根顶梁柱糟朽了，木匠要搭一个架子，把房梁顶住，然后换上新柱子。纣王说："你们别麻烦了，把柱子拿来，我用手托着房梁，你们换上就可以了。"

古书中的这种描写可能有些夸张，但纣王继位之初，确实表现出超凡脱俗的英雄气概。大破东夷便是其绝佳的表现。

但是纣王本是个骄傲自大的人，这次对东夷的胜利，使他更加骄横自负，由于他才思过人，所以任何臣下的谏言都听不进去；由于他能言善辩，对自己的任何胡作非为都可能用巧言掩饰过去。因此他目空一切。有一次在对有苏氏的战争中，有苏氏无力抵抗，就送了一个叫妲己的美女给纣王，纣王一看很高兴，就免去了有苏氏进贡的责任。从此，商朝就将面临灭顶之灾了。

有苏国献来的妲己貌若天仙，千娇百媚，把纣王哄得团团转，纣王对她则百依百顺。妲己喜欢观看歌舞，纣便命乐师延创作了靡靡之乐，怪诞之舞。妲己喜欢饮酒嬉闹，他就在宫中搞起了酒池肉林，与妲己及贵族朝臣醉生梦死。他们把 120 天当成 夜，在宫中狂呼滥饮。

一些王室贵族见纣都如此，也就恣意奢靡，有的谀臣为了讨纣的欢心，还常向他出谋划策，想出各种玩法。历史典故"助纣为虐"说的就是这些人。

诸侯梅伯多次劝谏纣不要任意对臣民施加重刑。纣杀了他以后，还将他醢了，即剁成肉酱后分赏给诸侯们吃。九侯（封地在今河北临漳）有一女儿长得很美，被纣得知选入宫去，因看不惯妲己的淫荡而被纣杀死，并将九侯醢了分送诸侯。鄂侯（封地在今河南沁阳西北）为此而指责纣，被纣杀了以后制成干尸以示众。西伯姬昌（周文王）当时在商都，见两侯连遭杀害，甚是叹惜，只说了一句“太过分了”，不巧被崇侯虎听见，报告给纣王，纣王立即将其囚禁，准备杀死。周族的大臣们忙在莘国（今陕西合阳东南）选了有莘氏的一个美女、在西选了些骏马和许多美玉、宝器、奇异玩物，通过费仲的手，向纣说情。纣见了有莘氏美女后，非常高兴，姬昌这才死里逃生，幸免于难。

姬昌回到自己的部族后，开始发展势力，做推翻商朝的准备，他去世后，儿子姬发（周武王）继承和发扬了他的事业。

大约公元前 1066 年，周武王率军攻商，一路过关斩将，于二月甲子日早晨到达距朝歌只有 70 里之遥的商郊牧野，庄严誓师。而这时纣王还和妲己醉生梦死呢！当纣王听说大军压境时就像当头泼了一盆冷水，他匆忙调集大军，开赴牧野，与武王对阵。纣王的军队远远多于武王，但是因纣王暴虐已极，遗弃骨肉兄弟，任用奸人，残害百姓。纣王军队无心恋战，只盼望武王尽快打败纣王。双方一交战，纣军士兵就倒戈转向武王。武王乘势指挥军队冲入敌阵，纣军全线崩溃。

纣王逃回殷都，登上鹿台，用 4000 多块宝玉环绕周身，然后自焚。武王率大军进入朝歌，百姓们列队欢迎仁义之师。

武王对纣尸连射三箭，然后下车，用剑击之，再砍下纣的首级，悬于白旗上面示众。

从汤到纣，商王朝历 17 代 30 王至此灭亡，历史进入了西周时期。

知识小述

到了商朝末年，国力已经每况愈下了，虽然纣王在统治前期还是有一番作为，但他的残暴统治和盲目自大导致了王朝的土崩瓦解。武王伐纣，是对当时过于凶恶的奴隶制度的一次打击，他建立周朝后，在一定程度上调整了奴隶制，使得统治者和劳动人民之间的阶级矛盾有所缓和。整个商朝时期生产力得到了很大发展，并在这一时期出现了我国最早的文字——甲骨文，与此同时，也开始出现宏伟的建筑了。

4 “国人暴动”西周葬送

公元前 841 年，我国历史上有确切纪年的开始，这是一个了不起的进步，具有十分重要的历史意义。而这个纪年记载的第一件事就是“国人暴动”。“国人”是指生活在城市中社会最底层的人民，迫使他们揭竿而起，为生存而斗争的是西周的第 10 位君王——周厉王姬胡。

姬胡是西周的第 10 位皇帝，他十分贪财，而且不听取别人意见，只是一意孤行。

为了维持王室的穷奢极欲和不断对外用兵的费用，周厉王想方设法榨取民间的财富。

这天，厉王与荣夷公对坐，愁眉不展。管理财政的大臣刚刚来过，告诉他国库已近枯竭，再也没法支付王室和军队的开支了。善于揣摩主子心思的荣夷公立即猜测到了原因，“大王，不必着急，臣有办法让您财源滚滚”。厉王不信，他心里清楚，该榨取的地方早都榨取过了，再也没有进钱之道了。

“你又有什么办法？”“大王，您忘了，我们国土上还有大片的山林川泽，没有征税。多少年来，一直让老百姓们白拿白占，岂不太可惜了。”“对呀，我怎就没想到呢！”周厉王大喜，“普天之下，莫非王土，他们樵采渔猎，吃着我喝着我，不向我交税，我不能便宜他们！”

多少年来，山林川泽一直是公共财产，厉王染指山林川泽，实行专利，霸占为己有，不许人民随便采猎，触犯了社会各阶层的利益，其结果是“所怒甚多”。一方面，在守旧的贵族看来，这种做法背离了周室“王人”的传统，周厉王失掉了王室贵族和统治集团的支持。另一方面，对于广大平民和下层民众来说，在遭受着本来已经十分沉重的剥削的同时，又断绝了渔猎薪樵之源，达到了“民不堪命”的地步。所以他的这种做法激起了国人的强烈反对。

三年以后，忍无可忍的国人们互相串联起来举行了暴动。镐京内外的民众有的拿起了剑戟，没有武地的拿起了农具棍棒，蜂拥着攻向王宫。他们发誓要把厉王这个昏君杀了。

周厉王吓坏了，从王宫的一个用来流水的墙洞跑了出去，一路向北逃过黄河，最后逃到了彘(今山西霍县)。

在国中没有皇帝的情况下，朝中由召公(召穆公)、周公(周定公)共同执政处理国事，史称为“共和”(一说由诸侯共伯摄行政事)。这一年被称为共和元年，即公元前841年。司马迁作《十二诸侯年表》就从这一年开始，从此我国的历史就有了确切的纪年。

召公、周公二人的“共和”维持了14年，倒也取得了安定民心的效果，国家渐渐趋于稳定，国力也渐渐恢复了。这是中国历史上建立王朝以来，第二次出现这么长时间的没有国王的王朝。

后来周厉王的孙子周幽王继位。这个暴君比他爷爷周厉王更荒唐，为了博得美人褒姒一笑，居然“烽火戏诸侯”，结果，玩火自焚，连同褒姒一起，被犬戎杀死。西周也随之结束了。

知识小述

周朝历时300多年，是奴隶制的鼎盛和衰落的时期。它重视农业，出现了《诗经》、《周礼》、《周易》等作品，成为后世人们道德和文学创作的典范。周朝对我国物质文明和精神文明的发展都是有突出贡献的。在西周结束后，中国大地上进入了一个纷乱的年代，也是一个文化发展的年代，预示着一种新的统治制度即将到来了。

5 东周列国百二诸侯

公元前770年，周平王东迁洛邑，西周结束，东周开始。东周被后人分为春秋和战国两个时期。在春秋时代出现了170个诸侯，其中52个被灭，36名君主被杀，先后出现了“春秋五霸”。自公元前475年到秦灭六国——公元前221年为止为战国时期，七大国家将其他小国一一歼灭，成为“战国七雄”，为秦国最终统一天下创造了良好的条件。

齐桓公：齐桓公名叫小白，在公元前685年继承君位，他任用贤士管仲为相。对齐国的内政、经济和军事等方面进行了大刀阔斧的改革。

在管仲“内修政治，外结与国”4年中，齐国成为春秋前期的第一大国，称霸的基础已经奠定，下一步就是如何称霸的问题了。

管仲为齐桓公定下“尊王攘夷”之策。所谓“尊王”就是尊崇东周王室的权威。春秋前期，虽然周天子已经不能再像过去那样号令诸侯了，但名义上毕竟还是天下的共主和宗法上的大宗，影响还很大。齐国如想称霸诸侯，就必须打出维护周天子的威信和地位的招牌，才能去号召和联合诸侯。所谓

“攘夷”，即驱逐夷、狄等少数民族的势力。

当时，周王室衰微，各诸侯国为争夺土地和人口，连年混战，相互兼并。北方和西方的戎狄趁机南下东进，南方的蛮族也试图北上，中原各诸侯国受到严重威胁。“尊王攘夷”，即尊奉周王室为天下共主，以抵御戎狄南蛮侵扰中原。

齐桓公对管仲的这个策略大加赞赏，认为是上上之策。

恰巧此时，被冷落在洛阳一隅的周厘王即位。齐桓公及时遣使朝贺。齐国带头尊重周朝王室，承认他的天子地位，这让周厘王非常高兴，也让齐桓公得以奉天子命令征讨诸侯。

公元前 656 年春，齐桓公率领齐国及宋、卫、陈、郑、鲁、许、曹共八国军队讨伐新近倒向楚国的蔡国，蔡军不敌而溃，诸侯联军进而南下伐楚。

楚成王眼见中原诸侯联军声势浩大，便派遣使者去质问桓公：“齐国与楚国相隔遥远，风马牛不相及，不知道您带领大军到我们这里来有何目的？”管仲答道：“我国先君受命辅佐周王室，楚国没有丝毫贡物献于王室，因此来问罪楚国。”

齐桓公率诸侯联军进军到陉（陉山，楚的北塞，今河南漯河市东），楚国派军拦截，双方军队在此相持不下。

到了夏天，楚成王见诸侯联军没有退却的迹象，便派大夫屈完到联军请求停战和谈。管仲知道很难使楚国屈服，便在召陵与屈完签订盟约修好，双方各自退兵。

齐国的霸业到“召陵之盟”达到了顶点。在齐桓公称霸的 40 年中，像这样会合诸侯进行了许多次，历史上称做“九合诸侯，一匡天下”。

晋文公：晋文公 61 岁即位，在他当政时晋国得到了很大的发展。并爆发了春秋时期最有名的一场大战——城濮之战。

开战之前，狐偃对晋文公说：“当年国君流亡楚国时，楚王对您不错，您也亲口许下如果两国开战了一定会退避三舍（一舍 30 里），如今可不能食言啊！”

听了狐偃的一席话，晋文公下令晋军后退 90 里，一直退到城濮（今山东濮县南）。楚军见晋军后撤，步步进逼，一直追到城濮。

公元前 632 年 4 月 4 日，会战开始。不可一世的楚军精锐，直奔晋国中军的阵地。晋国大将狐偃装做抵挡不住的样子，扭头便跑，还用战车拉着树枝扬起尘土，显得十分慌乱。而先轸统率的晋军，杀向侧翼的陈、蔡联军这个薄弱环节。驾车的战马全都蒙上了虎皮。联军的战马被吓得狂奔乱跳，晋军乘势杀来，联军死伤无数。于是，楚中军进入晋军的伏击圈，晋国精锐的中军马上杀个回马枪，与得胜的先轸大军，铁壁合围，前后夹击，把楚军杀得七零八落。

晋大败楚国，晋文公将战俘及战利品献给周室，以求封赏。周天子派钦差大臣王子虎封晋文公为侯伯。

晋文公在位 9 年，于前 628 年去世，年 70 岁。晋文公在短时间内成就霸业，联秦抑楚，要挟周天子，其辉煌胜于齐桓公。

楚庄王：公元前 613 年，楚庄王继位。他提拔了一批德才兼备的人使国力逐渐强大起来。后来，他先后讨伐了庸、陈、宋，大败晋军问鼎中原，成为军事实力最强的君主。在有一次楚庄王平定内部叛乱后，大宴群臣，席间，楚庄王非常高兴，也是借着酒劲，把王妃许姬叫上来，依次给百官进酒。忽然，一阵大风刮过来，把室内的灯给吹灭了，有位将军酒后无德，竟然胆大包天地摸了许姬一把，许姬顺手拉断了这个人的帽缨，跑到楚庄王面前告了状，让楚庄王等亮灯之后，查找帽子上没有帽缨的人。

楚庄王没有听王妃的话，他命令掌灯的宫婢，不许点灯，然后大笑着说：“今天你们与我饮酒作乐，不拉断帽缨，不算玩得痛快！”众人听了都拉断帽缨。这时，庄王才让人点灯。

宴会以后，楚庄王再也没有提及此事。

不久，楚国发兵讨伐郑国，有位大将连斩郑国五员大将，最后自己英勇牺牲。这位将军就是在那个漆黑的晚上，被王妃拉断帽缨的人。

由此可见，楚庄王是个爱惜人才，不拘小节的人，这使得许多将军甘心为他效力。

在公元前 594 年，楚庄王率军围攻宋，宋依附楚国。从此中原诸国除齐、秦、鲁等国外，皆背叛晋投降楚国，楚庄王成为中原霸主。

公元前 591 年，楚庄王死。楚庄王是楚国最重要的君主，在位 23 年，虽然作为五霸之一，他的势力遭到以晋为首的中原诸侯的抵抗，未能控制中原，但是他控制了南中国，影响了中原。在他统治期间，楚国政治、军事、经济势力都达到顶峰，楚文化也发展成形。

吴王阖闾：公元前 515 年，吴国公子继位，这就是阖闾。

吴王阖闾重用伍子胥让他参与谋划国家大事。在伍子胥的主持下，吴国修筑了阖闾城（今苏州），并整军习武，广揽人才，招来军事家孙武训练士卒，国势日强。

公元前 512 年，伍子胥推荐孙武给吴王阖闾治兵。孙武献兵法 13 篇，阖闾称善。为了试验孙武所著兵法的效力，阖闾命他以兵法训练宫中美女，孙武在训练中严申军纪，斩掉两名担任队长而不听约束的吴王宠妃，宫人由此而大惧，进退跪起无不听命。阖闾由此知孙武之能用兵，便任命他帮助治理军队。

公元前 512 年，吴国出兵灭徐国，并移师攻楚，打下了舒（今安徽庐江东南），但楚毕竟是个地方千里的大国，不易一下子击败。为了削弱楚的力量，伍子胥提出分兵扰楚的计谋，组织了几支军队轮流攻楚，楚军一来，吴兵就主动后撤，楚军离去，便派另一支军队攻楚，弄得楚军疲于奔命。吴国的行动使楚国十分恼火，公元前 508 年，楚昭王命令尹囊瓦率军攻吴，吴国方面派伍子胥率军迎击，大破楚军于豫章（今淮南地区），并乘胜追击，攻取了老巢。

不久，秦国也出兵帮助楚国攻吴，而阖闾的弟弟夫概也在后方捣乱和自立为王，吴军遂撤出楚。吴军虽退，但楚国经此折腾，大国的威风扫地。而吴国，则在伍子胥、孙武等人的忠心辅佐下，数年之间，西破强楚，南服越国，威名震天下，连北方晋、齐等中原大国也不敢再小看它了。虽然吴国没有自立为霸主，但是却有了号令天下的能力。

越王勾践：公元前 496 年，勾践即位当上越王，阖闾伐越时被勾践用计杀死。吴王夫差继位后把勾践俘虏了。勾践在为奴仆的几年中，命令文仲治理国家。等他回国后“十年生聚，十年教训”，与百姓们同甘共苦，期望着有一天能报仇雪恨。

在越王励精图治的时候，吴国的政治却日趋腐败。西施到吴国后，吴王动员了大量人力物力，建造了姑苏台，自己和西施在上面日日夜夜饮酒作乐，不理政事。吴国的人力物力受到了严重的消耗，国内的政治日益腐朽。文种又对勾践说：“吴国衰弱不支了，吴王越来越骄傲了，我们不妨请求他救济越国一批粮食，试探试探他对我们的态度。”于是，越国要求吴国贷粟。吴王准备给了，伍子胥又劝谏说不要给。吴王对伍子胥总是反对自己的意见很恼火，还是贷给了越国粟子。

次年，文种又亲自送粮食偿还吴国。夫差见这些粮食颗粒饱满，就让伯嚭将它们卖给百姓作种子。不久，这些种子却全都烂死在土里，使吴国大闹粮荒，谷价昂贵，国内陷于混乱。原来，这些粮食是文种命人蒸熟后再晒干了的。

夫差因连年用兵得胜，日益骄傲起来。公元前 482 年，他率全国精兵，北上黄池（今河南封丘西南），与中原诸侯会盟争霸，只留下少数老弱残兵守护国内。趁着吴国后方空虚之际，勾践决定出兵袭吴，他发动 5 万大军，一举攻入吴都姑苏（今江苏苏州），杀了留守的吴国太子友。

吴王得到国内告急之信，心中大惊，匆匆结束了黄池之会，率兵回国。吴军因远道往返，无力与越军作战，夫差只好派人去向勾践求和。勾践觉得吴国还有一定实力，不能轻视，便暂时放弃灭吴计划，讲和退兵。

越国经过“十年生聚，十年教训”，在公元前473年，向吴国发动全面总攻击，吴国势穷力尽，姑苏再次陷落。夫差求和无望，自刎而死。

于是勾践就成为春秋时期最后一位霸主。

知识小述

春秋时期战乱频繁，周天子已经名存实亡，再也无法号令天下群雄了。在这个年代，奴隶制开始崩溃和瓦解，鲁国最先废除了奴隶制使经济得到解放和发展。但由于本国发生内讧，所以没能称霸。

到战国时期，各个国家已经被七个强大的诸侯国消灭掉了。

6 国力盛秦王扫定六合

春秋后期，统治阶级中的士大夫渐渐控制了各诸侯国的军政大权，他们利用丰厚的经济、军事实力瓜分诸侯土地，成为大地主，先是韩、赵、魏三家分晋，后又有田氏代齐。在这一时期，由于各国都想争夺地盘，所以涌现出一大批杰出的军事人才。在兼并战争中，逐渐形成了七个强大的国家，即齐、楚、燕、韩、赵、魏、秦。因为这一段时间各国的主要任务是打仗，所以西汉史学家将它称为“战国”。

公元前221年，秦王嬴政统一六国，建立了中国历史上第一个统一的封建帝国，他也因此被称为千古第一帝并自称为“始皇帝”。

秦始皇即嬴政（公元前259—前210年），又称秦王政、赵政。为秦庄襄王之子（传说吕不韦是其亲生父亲）。亲政后，以尉缭、李斯等参与谋略，用10年时间相继灭韩、魏、楚、燕、赵、齐六国，于公元前221年统一全国，建立秦朝。

嬴政公元前259年生于赵，那时其父子楚（即异人，华阳夫人赐名）在赵国当人质，很喜欢吕不韦的爱姬，于是吕不韦便将她献给子楚。此女怀孕12个月生下了秦王政。公元前247年，嬴政即位，因为年岁太小，委政于吕不韦。尊吕不韦为相国，号称“仲父”。

吕不韦对内倾力理政，国富民强；对外，大张挞伐，两度破除韩、赵、魏、楚的联盟，同时攻取了他们的许多国土，为秦的最终统一打下了基础。但他独揽朝纲，限制了嬴政的发展，招致嬴政的不满。

公元前238年，嬴政亲政，借诛杀嫪毐之机，逼死吕不韦，“独治其民”。秦王独揽全国大权后，重用尉缭和李斯，任用王翦、王贲父子和蒙武、蒙恬父子为将，重新部署了对付六国的战略和策略，开始了消灭六国的统一战争。

公元前230年，秦王派内史腾攻韩，俘虏韩王安，占领了韩国的全部土地。

公元前229年，秦大举攻赵，王翦率上党兵，攻下井陉，并包围邯郸，赵派大将军李牧、将军司马尚抵御。秦用离间计，赵王诛杀李牧。秦军攻克邯郸，俘获赵王迁，赵国亡。

公元前225年，魏国灭亡。

秦王又派老将王翦为将，出兵60万攻楚。大破楚军，追至蕲南，杀楚将军项燕，楚国灭亡。

公元前222年，秦派王贲为将，率兵攻燕辽东，俘获燕王喜，灭燕国。

公元前 221 年，秦王命王贲率军从燕南下攻齐，几乎没有遇到什么抵抗，就攻进了齐都城临淄，齐王建投降，齐国灭亡。

秦始皇灭六国后，秦军平定东南方和南方的“百越”，土地被纳入秦国版图。

平定南方的同时，秦还在北方对匈奴用兵。

公元前 215 年，秦始皇派大将蒙恬率军 30 万大举北伐匈奴。尽取河南（今黄河河套西北）地。

秦始皇统一全国后，如何治理这个偌大的国家，成为摆在他面前的头等大事。秦始皇听从李斯的建议，不分封诸王，而是以战国时期秦国官制为基础，建成一套适应统一国家需要的新的政府机构，即三公六卿制及郡县制。接着，秦始皇下令以秦文小篆在全国统一推行。

随后，秦始皇又下令统一货币和度量衡。秦下令废除秦以外六国的刀、布、钱等货币，统一以秦币。秦朝以黄金为上币，铜钱为下币，金、铜货币成为通行全国的法定铸币。

秦始皇又用商鞅时制定的度量衡标准，来统一全国的度量衡。公元前 221 年，秦始皇颁布了统一度量衡的诏书。他规定六尺为步，二百四十步为亩。

秦始皇统一中国后，建立中央集权制度，迫切地想让自己独揽一切大权，包括消灭人们的思想。

公元前 212 年，秦始皇采纳了李斯建议，下令焚书，一时间，大量文化典籍被付之一炬。第二年，由于方士侯生、卢生求仙药不得，两人言论讥讽秦始皇“刚愎自用”、“专任狱吏”，不值得为他求仙药，并相约逃跑，秦始皇得知后，非常愤怒，认为卢生等诽谤他，夸大他的过失，而且其他儒生也有妖言惑众之嫌，责令御史审问在咸阳的儒生。儒生们互相揭发，牵连出 460 多人，为昭示天下，以儆效尤，460 多人全部被活埋，始皇长子扶苏对此做法有异议，也被秦始皇勒令离开都城，去上郡（今陕西榆林东南）监蒙恬军。

做完这件事后，他又想修长城来抵御匈奴的入侵。他动用了30多万农民及囚犯，在北方风雪萧萧的边塞上，肩挑手抬，积土垒石十余年，在留下无数的白骨后，终于修成了西起临洮，东至辽东的秦代长城。

秦始皇还是一个穷奢极欲的人，为了显示自己的威仪，大造宫室，从咸阳到函谷关（今河南灵宝东南）以西，有朝宫300余所，函谷关以东400余所。众多的宫殿一律施以雕刻，涂以丹青，五光十色，五彩斑斓，极其富丽堂皇，气势也很雄伟。

其中，阿房宫耗资巨大，劳民伤财，到秦始皇死时，宫殿尚未落成，秦二世继续营建。楚汉战争时，项羽入关，烧秦宫室，大火连烧三月不熄。

秦始皇在大修宫殿的同时，还为自己大造坟墓，他刚即位就在骊山造自己的坟墓，并六国后，征发所谓罪人70余万人至骊山服役。坟墓高50余丈，周围五里余，掘地极深，灌入铜液。坟墓中有宫殿及百官司位次，珠玉珍宝，不可计数。用水银造江河大海，机械转动，水银流注。又用人鱼膏（据说是一种四脚鱼，生东海中）做烛，在墓中燃烧，令工匠特制弓弩，有人穿坟入内，弓弩自动放射。秦始皇死后，尸体入墓，没有生子的宫女，全部殉葬，不待工匠出来，封闭墓门，工匠都被活埋在里面。

秦始皇在采取一系列巩固统一措施的同时，还带领百官仆从，大规模出游，到泰山封禅。秦始皇的残暴统治让百姓都对他十分怨恨。

公元前210年，秦始皇病死巡游途中，赵高发动政变，将胡亥扶上皇位，史称秦二世。

秦二世年幼昏庸，在赵高的怂恿下，不但每天纵情声色之中，而且变本加厉地施行暴政。他喜欢游猎，为了保卫自己，调集各郡县“材士五万人屯卫咸阳”。粮饷不足，就令各郡县官吏强迫人民运送，而且要自带粮食，在这种情况下，一场以推翻秦王朝为目的、席卷全国的农民起义，终于爆发了。后来，在各地的人民共同征讨下，咸阳在公元前 206 年被刘邦攻破，秦朝仅存了 27 年就灭亡了。

知识小述

秦始皇是著名的暴君，但他的官制，统一货币，度量衡，字体等措施却被后世帝王继承下来。秦虽然历经两世就亡国了，但它毕竟拉开了封建王朝的序幕。

7 鸿门宴蛟龙重归大海

汉高帝元年（公元前 206 年），沛公刘邦进入咸阳后，看到富丽堂皇的宫殿和无数的珍宝美女就不想出去了。这时候，樊哙走过来，对他说："你是想占有这些东西做富家翁呢？还是有志夺取天下呢？"刘邦回答："当然是天下。"于是就把宝物扔到一旁，大步走出了宫殿，这时候，项羽的部队也到咸阳城外不远的地方了。

范增劝项羽说："刘邦在崤山以东的时候，既贪财又好色。现在进入了关中地区，不搜刮财物，不宠幸女色，说明他的野心不小啊。我让术士望他的气，都是龙虎形状，有五色的云气缭绕，这是天子的气啊！赶快进攻他，不要错失良机。"项羽有了杀刘邦之心了。

楚的左尹项伯，是项羽的叔父，平时与张良的关系很好，就骑着马连夜赶到刘邦的军营中，偷偷会见张良，把事情全都告诉了他，想让张良和他一起走，说："别跟刘邦一块死！"

后来刘邦请项伯进来，和他定为儿女亲家，并告诉他自己并没有谋反的意思，请项伯替他求情。项伯让他第二天去向项王道歉，刘邦答应下来。

于是项伯又连夜回去，回到军营后，把刘邦的话报告给项羽，趁机说："刘邦如果不事先攻下关中，您又怎么敢进来呢？现在人家立了大功却还要去攻打，是不义呀。不如就此好好对待他。"项羽就答应了。

第二天，刘邦带领一百多名随从骑马到鸿门见项羽，道歉说："我与将军合力攻秦，您在黄河以北作战，我在黄河以南作战，自己也没想到能先攻入关中，能够在这里与您再次相见。现在有小人进谗言，让您与我之间产生隔阂。"

项羽说："这是你的左司马曹无伤说的，否则，我怎么会这样做呢？"项羽就留刘邦一起喝酒。

范增几次向项羽使眼色，并三次举起他佩带的玉玦暗示项羽快下决心，项羽沉默不语，没有回应。范增起身出去，召来项庄，对他说："项王心慈手软，你进去给刘邦敬酒祝寿，祝完寿以后，请求表演舞剑，乘机在座席上袭击刘邦，把他杀了。不然的话，你们都将被他俘虏！"

项庄就进去为刘邦祝寿，然后说："军营中没有什么娱乐，请让我为你们舞剑吧。"

项羽说："好。"项庄于是拔剑起舞。

项伯也起身舞剑，不时用身子护住刘邦，使项庄无法行刺。

于是张良到营帐门前见樊哙，樊哙说："现在事情怎么样了？"

张良说："现在项庄拔剑起舞，心思却放在沛公身上。"

樊哙说："那样说的话情况紧急了，让我进去与他拼命！"

樊哙就握着剑、举着盾往里闯，营帐门前的卫士想挡住他不让他进去，樊哙侧过盾牌一撞，把卫士撞倒在地上。

于是闯进去，掀开帷幕站在那里，睁大眼睛瞪着项羽，头发竖了起来，眼眶两边像要裂开一样。

项羽握住剑柄站起来，问："你来干什么？"

张良说："这是沛公的参乘樊哙。"

项羽说："真是壮士！赐他一杯酒！"

左右侍从给了他一大杯酒。樊哙拜谢，起身后，站着一饮而尽。

项羽说："赐他猪腿！"

侍从们给了他一条生猪腿。樊哙把他的盾牌倒扣在地上，把猪腿放在盾牌上面，拔出剑来切下肉大口吞吃。

项羽说："壮士，还能再喝吗？"

樊哙说："我连死都不推辞，还会推辞一杯酒吗？秦有虎狼一般的野心，杀人就像怕杀不完一样，用刑罚也唯恐用得不够，天下的人都反叛他。楚怀王曾与各路将领约定：'先打败秦军攻入咸阳的，在关中为王。'现在沛公先打败秦军，攻入咸阳，却连一点点小东西都不碰，就率领军队返回灞上等待将军到来。劳苦功高成这样，您非但没有封爵赏赐，还听信小人的谗言，要诛杀有功之人。这是在重蹈秦朝的覆辙，我认为您这样做是不可取的！"

项羽哑口无言。后来刘邦借口说去厕所，就和手下的护卫大将悄悄地从小路溜走了。

张良估计刘邦抄近路已经回到军营，就进去道歉，说："沛公因为喝醉了，不能亲自告辞。谨让我奉上一对白璧，再拜敬献给将军；一对玉杯，再拜敬献给亚父。"

项羽说："沛公在哪儿？"

张良说："听说您有责备他的意思，所以抽身离开，现在已回到军中了。"

项羽接过白璧放在座席上。范增接过玉杯放在地上，拔出剑来，将它们击碎，说："唉，小子不足以与他图谋大事！夺取将军天下的人，一定是刘邦。

我们这些人也要成为他的俘虏了！”

刘邦回到军中，立刻诛杀了曹无伤。后来，刘邦被项羽封为汉王，打下了四川作为根据地，长达四年之久的楚汉之争开始了。到公元前202年12月，项羽兵败垓下，自杀身亡，刘邦这只蛟龙终于建立了大汉王朝，他将入咸阳那一年定为汉高帝元年。

知识小述

刘邦是一位杰出的开国帝王，虽然出身平民，没有什么过硬的文化知识和靠山，但是靠着他的机警、度量和智慧，打败了贵族地主项羽，得到天下。有时候在人屋檐，不得不低头。做事情时如果还没有成功，对于别人的故意为难正确的做法先容忍一下，韬光养晦才有东山再起的机会。

8 王莽篡汉称皇帝

汉平帝元始五年（公元5年），王莽的野心逐渐显露出来，他欺负皇帝是个14岁的孩子，就着手准备发动一场大的宫廷政变，想踹掉汉平帝自己坐皇位。

平帝懂事后，因为母亲卫后被王莽留在中山，不让他们母子见面，所以心中怨恨，非常不高兴。

十二月，王莽趁着腊日，向平帝进献椒酒，在椒酒里下毒。平帝中毒生病，王莽写了策书，请求到泰畤祈祷上天，愿意自己代替平帝。然后把策书藏在金滕里，放在前殿，敕令大臣们不准说出去。不久，汉平帝就在未央宫驾崩。

当月，有官员上奏，通报武功县县长孟通疏浚水井的时候，挖出一块白色的石头，上圆下方，上面有朱红色的文字，写着“告安汉公王莽为皇帝”。于是符命之说，从此兴起。

王莽让大臣们把符命的事告诉太皇太后，太皇太后说：“这是欺骗天下，不能施行！”

太保王舜对太皇太后说：“事已如此，也没有办法，即使想阻止也没有足够的力量。王莽也没有别的企图，只想公开摄政，加强自己的权力，慑服天下罢了。”太皇太后知道不可以这样做，但又没有力量阻止，只好同意。

王舜等人一起让太皇太后下诏，说；“安汉公王莽，辅佐三代，与周公世代不同，但功业相同。最近前辉光谢嚣和武功县县长孟通上书，通报写在白石上的符命，我仔细思考，‘为皇帝’意思就是代行皇帝的职权。现在任命安汉公居位摄政，效仿周公。详细计划典礼仪式，然后上奏。”

群臣于是上书，要求让王莽登上皇位，穿戴天子的衣冠，南向朝见臣子，居位摄政。太皇太后下诏同意。

居摄元年（公元 6 年），三月初一，册立宣帝玄孙刘婴为皇太子，号称孺子。刘婴是广戚侯刘显的儿子，当时只有两岁，王莽假称卜卦的卦象显示他最合适，于是将他册立，尊王皇后为皇太后。

始初元年（公元 8 年），各地纷纷出现符瑞，显示要王莽做真皇帝。这些符瑞也不知是真是假，但王莽一概欣然接受。

王莽准备正式即位，先拿来各种符瑞报告太皇太后，太皇太后大吃一惊。当时孺子刘婴还没有即位，皇帝的御玺印绶仍然收藏在太皇太后的长乐宫。等到王莽即位，向太后请求交出御玺，太皇太后不愿授给王莽。王莽就让安阳侯王舜去劝说。

王舜进见太皇太后，说明来意，太皇太后大怒，骂他说：“你们父子宗族，蒙汉朝恩德，世代富贵，不但不回报，反而趁机夺取政权，不再顾念恩义。这样的人，连猪狗都不吃他剩的东西，天下怎么能容忍你们兄弟呢！”

太后边说边哭，身边的侍从和及下面的卫士都哭泣流泪，王舜也悲伤得不能自已。过了很久，王舜才抬头对太后说：“我无话可说，但王莽一定要得到传国御玺，太后难道能不给他吗？”

太后听王舜说得诚恳，又怕王莽以武力胁迫，于是拿出御玺扔到地上，对王舜说：“我老了，快要死了，知道你们兄弟会被灭族！”

王舜得到御玺，报告王莽。王莽大喜，为太皇太后在未央宫渐台设宴，让大家尽情作乐。

始建国元年（公元 9 年），正月初一，王莽率文武百官向太皇太后奉上皇太后御玺，顺应上天的符命，去除汉朝的各种名号。

王莽颁下册书，册命孺子为定安公，封给他居民一万户，土地方圆一百里。让他在封国内建立汉朝宗庙，与周朝的后代一样，被允许使用自己的历法和服饰颜色。

册书宣读完毕，王莽亲自执着孺子的手，流着眼泪说：“当初周公摄政，最终能够把政权还给周成王。如今独有我迫于上天威严的命令，竟不能够按自己心里的意思，把政权交还给你！”然后悲伤叹息了很久。

中傅带着孺子下殿，面朝北方，对王莽称臣。百官陪在两旁，没有悲伤的。至此，西汉政权被大奸臣王莽彻底篡夺了。后来因为王莽施政暴虐，引起天下人民的愤慨，于是爆发了绿林军、赤眉军起义，在起义军中，刘秀一枝异军突起，成为抗王莽的一大主力。

知识小述

“周公恐惧流言日，王莽谦恭未篡时”，相传西周周公辅佐武成王时，大权在握，人们都暗地里说他想谋夺皇位。可是事实证明，周公确实是一位忠心耿耿的臣子，并没有任何野心。而王莽在为官的时候假装是位忠臣孝子，但实际上已经为篡夺皇位谋划很久，并终于自己称帝。有时候一个人的内心是不能依靠肉眼能察觉出来的，正确地对一个人做出评价，要看他的日常行为和性格品格。

9 破莽军刘秀树威名

刘秀是汉长沙定王刘发的后代，父亲刘钦，曾担任南顿令，共生了三个儿子：刘缜、刘仲、刘秀。兄弟三人幼年丧父，由叔父刘良抚养长大。

刘缜性格刚强坚毅，慷慨大度，自从王莽篡夺汉朝政权之后，心中愤愤不平，有光复汉朝的大志。他不经营家业，反而卖田卖宅，结交天下的英雄豪杰，以致破产。

刘秀长得鼻梁高耸，额角突出，种地十分勤劳。刘缜常嘲笑他，把他比作刘邦那个没有作为却专注过日子的哥哥刘喜。

刘秀的姐姐刘元，是新野人邓晨的妻子。刘秀曾经和邓晨一起拜访穰县人蔡少公，少公对图谶颇有研究，说：“刘秀应当做天子！”

有人说：“是国师公刘秀吧？”国师公刘秀是王莽朝的大臣。

刘秀开玩笑地说：“怎么知道不是我呢？”在座的人哄堂大笑。只有邓晨心里暗自欢喜。

这一天，刘縯召集当地豪杰，与他们商议，说：“王莽残酷暴虐，百姓分崩离析。现在连年大旱，战乱四起，这是上天灭亡他的时候，也是恢复高祖的大业、建立万世基业的时候！”大家都表示同意，于是分别派遣亲友宾客到各县起兵。

哪知道刚一举起起义大旗就出了问题：军队里财物分配不公。大家很愤怒，打算调转枪口进攻刘姓的部队。刘秀知道后马上集中同族人得到的财物，全部交出来分给他们，大家才高兴了。这时刘秀 28 岁。

起义军继续向前进发，攻占了棘阳。李轶、邓晨也都带着他们的宾客前来会合。

到了公元 23 年，反对王莽，复兴汉朝的起义军已经发展到十几万人，将领们商议，认为军队虽然力量强大，却没有一个共同的领袖。于是想拥立一个刘姓皇族，以顺从大家的愿望。

南阳郡的豪杰与下江兵王常等人，都主张立刘縯。但是新市兵、平林兵的将领平时恣意妄为，不守军纪，害怕刘縯的威严。就想立性格懦弱的刘云。

二月初一，在清水岸边的沙滩上设置坛场，刘玄即皇帝位，面南而站，接受群臣朝拜。

刘玄即位后，实行大赦，更改年号，英雄豪杰感到失望，很多人都不服气。

就在刘玄称帝的时候，王莽派司空王邑、司徒王寻征发各地兵马，平定崤山以东地区。五月，王寻、王邑会合各地兵马，从颍川南下，准备攻义军。

义军的将领们看到王寻、王邑的兵力强盛，都逃回昆阳城，惊恐不安，为妻子儿女担忧，想分散逃回各城邑去。

刘秀对他们说：“现在城里兵力粮草都很少，城外敌军又很强大，合力抵抗，也许还能建功立业；如果解散的话，一定没有办法保全。何况刘縯的部队正在进攻宛城，不能赶来援救，如果昆阳被敌军占领，只要一天的时间，我们的各路军队就全完了。现在怎么能不同心协力，共举大业，反而想去守着妻儿财物呢？”

这时城中只有八九千人，刘秀让王凤和廷尉大将军王常守卫昆阳，自己连夜与五威将军李轶等十三人骑马从昆阳城的南门出去，到城外招集士兵。

王寻、王邑部署军队包围昆阳城。

在城外扎了上百个军营，战鼓声几十里外都能听到。王莽军挖掘地道，用冲车撞击城门；又用许多弓弩向城内乱射，箭如雨下，城里的人为了躲避，都背着门板出外打水。

刘秀到了郾城和定陵，要将各营军队全部征发。将领们贪恋财物，想分出一些士兵留守。刘秀说：“现在如果打败敌人，就会有几万倍的珍宝；如果被敌人打败，脑袋都被砍掉了，还有什么财宝！”于是调遣了全部的军队。

六月初一，刘秀与各营部队一起出发，他亲自率领步兵、骑兵一千多人作为先锋，在距离王莽大军四五里远的地方布下军阵。

王寻、王邑派出几千人与他交战。刘秀带兵冲上去，斩杀了几十人。将领们高兴地说：“刘将军平时见到小队敌人都害怕，现在见到强敌反而英勇，真是太奇怪了！还冲在最前面，让我们来协助将军！”

王寻、王邑轻视汉军，亲自率领一万多人巡视军阵，命令各营都不许出兵，自己单独与汉军交战。结果王寻、王邑的军队失利，而大部队又不敢擅自上前援救，军阵发生混乱，汉军趁势将敌军打败，杀死了王寻。

昆阳城里的汉军也敲响战鼓，大喊着冲杀出来，里应外合，呼声震天动地。

王莽军溃败，逃跑的士兵互相践踏，地上的尸体接连倒了一百多里。

王莽军的士兵各自逃散，回到家乡，只有王邑和他带领的几千名长安勇士回到洛阳。关中听到这个消息，大为震动，十分恐惧。于是天下豪杰一起响应，杀掉当地的州郡长官，自称将军，改用更始年号，等待诏令。不到一个月，义军遍及天下。

知识小述

勇敢是一种力量。有时候仁慈加上勇敢可以帮助一个人成就大事。刘秀之所以能够得到大家的信任，是因为士兵们觉得他平日是个友善的好人，而有事的时候却又有勇有谋。想得到别人的帮助就必须有让人们钦佩的东西。勇敢和仁慈可以算是一种。

10 棘县南刘秀即帝位

在昆阳一战中，刘秀打出了自己的威望，展现出了过人的军事才能和领导才能。更始二年（公元 24 年），刘玄派使者封刘秀为萧王，命令所有军队一律复员，让有功的将领都到长安觐见。

当时刘秀住在邯郸的赵王宫殿，白天躺在温明殿休息。耿弇进殿，走到床前，请求与刘秀单独会谈，乘机对刘秀说："官兵死伤太多，请允许我回上谷补充兵力。"

刘秀说："王郎已经被消灭，黄河以北也已平定，哪里还要用兵呢？"

耿弇说："王郎虽然被打败，天下的争战却刚刚开始。现在朝廷派使者来，让我们的士兵复员，我们可不能答应。铜马、赤眉的部队有几十支，每一支都有几十万人，甚至一百万人，所向无敌。刘玄没有能力应付这些军队，不久肯定会大败。"

刘秀从床上起来，坐着说："你说了不是臣子该说的话，我要杀了你！"

耿弇说："百姓被王莽害得很苦，所以才思念刘氏，听说汉兵兴起，都很高兴，好像逃脱虎口，回到慈母身边一样。现在刘玄做皇帝，将领在崤山以东，不守军纪；皇亲国戚在长安恣意妄为，随意抢掠。百姓们又开始思念新朝王莽，因此，我知道刘玄一定会失败。您的功业名望传布天下，以大义相征伐，只要传递檄文就可以平定天下。天下应该由您所得，不要让其他人占有！"

于是刘秀以河北还没有平定为理由，没有接受征召，开始叛离刘玄。

汉建武元年（公元 25 年），刘秀率军北征，朱鲔乘机进攻刘秀后方的温县，被刘秀的将领击败，一直追到洛阳。刘秀收到战报，将领们进帐祝贺，乘机请刘秀称帝。

将军南阳人马武首先说："大王您虽然谦恭退让，但国家的宗庙社稷该怎么办呢？您应当先即帝位，再讨论征讨。现在大家的名分都还没确立，奔走攻击，到底谁是贼呢？"

刘秀吃惊地说："将军怎么说这样的话？可以斩首的！"

于是率领军队返回蓟县，又派吴汉率领耿弇、景丹等十三位将军，追击尤来等贼军，斩首一万三千多人，追击到浚靡县才返回。

刘秀回到中山县，将领们又一次要求他称帝，他又拒绝了。进军到南平棘，将领们再次坚决请求，他还是不答应。

将领们正要退出营帐，耿纯进言说："天下的士大夫抛弃亲人，背井离乡，追随大王。他们向往的是攀龙附凤，成就志向。现在您拖延时间，违背大家的意愿，不确定尊号，恐怕士大夫们会失望，就想回归家乡。众人离散，就很难再聚集了。"

耿纯的话非常恳切，刘秀听了十分感动，说："我会考虑的。"

军队到达鄗县，刘秀召见冯异，询问各地的情况。冯异说："刘玄一定会失败，平定天下的大任在您身上，您应当听从大家的建议。"

正好儒生强华从关中拿着《赤伏符》来见刘秀，符上说：“刘秀发兵捕不道，四夷云集龙斗野，四七之际火为主。”当时认为汉属火德，“火为主”也就是汉当复兴的意思。于是群臣再次奏请。六月二十二日，刘秀在鄗县南边即皇帝位，更改年号，大赦天下。

知识小述

刘秀在大大小小的地主中脱颖而出做上皇位，开辟了东汉政权，使王莽统治时期混乱的情况得以改善，使天下进入“光武中兴”的时期，对于历史和人民都是有巨大功绩的，算得上是一位优秀的帝王。

11 挟天子曹操令诸侯

在刘秀建立东汉一百二十五年后，历史上出了一件大事，它的威力之大，足可以毁掉一个王朝。加上刘秀以后的子孙多懦弱无能，眼见东汉气数已尽了。

东汉末年，李膺等人遭党锢之祸，被朝廷废黜，不准做官。但天下士大夫都尊敬他们，认为他们道德高尚，崇拜他们的人竞相与他们结交，唯恐不被接纳。

这些人互相赞美，送上美好的名号：以窦武、陈藩、刘淑为三君，所谓君，是指一代宗师；李膺、杜密等八人为八俊，所谓俊，是指一代俊杰；郭泰等八人为八顾，所谓顾，是指他们以自己的德行引人向善；张俭等八人为八及，所谓及，是指他们能引导别人追随宗师；还有八厨，所谓厨，是指轻财重义，能救人于急难。

宦官们对李膺等人深恶痛绝，建宁二年（公元169年）十月，与张俭有过节的大长秋曹节暗地里教唆官吏上奏，说他们结党准备谋反。

当时灵帝只有十四岁，被奸臣蒙蔽，下令逮捕李膺。这下一来，天底下有才能的人死的死，逃的逃，人人自危，汉灵帝的这种做法引起了全天下人民的愤慨，这时候就爆发了黄巾大起义，从这支起义军中涌现出三个条雄来，即曹操、刘备和孙权。

汉灵帝死后，少帝即位，但不久就被董卓废掉，他的哥哥即位，这就是汉献帝，但是此时，汉家气数已经被败尽了，在讨伐董卓的过程中，年轻的曹操崭露出头脚来。

曹操，小名阿瞒，字孟德，沛国谯郡人，和神医华佗是老乡。他年轻的时候不但特别聪明，有心计，还是一个非常正直的青年。曾经在二十出头就被举为“孝廉”，入宫做侍奉皇帝的“郎”官。

曹操为人志向很大，在破黄巾、伐董卓的战役中树立起了威信，使自己渐渐成长为实力强大的诸侯。

这一年献帝逃出长安后，在韩暹、杨奉等人的护送下，回到东都洛阳。当时曹操在许昌，荀彧看到这个机会，就给曹操出主意说：“从前晋文公重耳接来周襄王，诸侯纷纷响应；汉高祖为义帝服丧，天下人心归附。自从天子流离在外，将军率先倡导义军，只是因为崤山以东变乱没有平定，还来不及远行迎接圣驾。”

“如今献帝车驾返回洛阳，然而旧都荒芜，义士百姓无不感慨。如果您真能借此良机，满足大家的期望，前去奉迎天子，是最顺应潮流的；以大公无私感服天下人心，是极重要的策略；扶助朝廷，弘扬大义，招揽天下英才，是非常了不起的德行。这样一来，即使四方还有叛逆，他们又能有什么作为？”

于是曹操派遣扬武中郎将曹洪率军往西，到洛阳迎接献帝。但是董承等人扼守险要阻拦，使曹洪不能前进。

议郎董昭认为杨奉的兵力最强盛，只是缺少同伴援助，就以曹操的名义写信给杨奉，说：“身体与四肢，是互相依存的，缺少了任何一部分，都成了残废。将军应当在朝廷主持大政，我则在朝廷之外援助；如今我有粮草，将军有兵马，互通有无，足以成就大事。我们应该紧密团结，生死与共。”

杨奉接到信后十分高兴，对将领们说：“兖州刺史曹操的军队，近在许昌，有兵有粮，朝廷正应当仰仗他们的支援。”于是联名上表，推荐曹操担任镇东将军，并承袭他父亲曹嵩的爵位费亭侯。

八月十八日，献帝下诏，让曹操兼任司隶校尉、录尚书事。于是曹操处罚有罪之人，诛杀尚书冯硕等三人；奖赏有功之臣，封卫将军董承等十三人为列侯；表彰死难烈士，追赠射声校尉沮俊为弘农太守。

曹操请来董昭，让他与自己坐在一起，问他说：“现在我到了这儿，应当采取什么措施？”

董昭说：“将军发起义兵，讨伐乱臣贼子，入京朝见天子，辅佐王室，这是春秋五霸一般的功业啊。洛阳的各位将领，心中打算各不相同，未必肯服从将军的调遣。现在如果留在洛阳辅佐朝政，情势上会有很多不利因素，最好的办法只有请天子移驾到许昌。”

曹操说：“这正是我本来的打算。只是杨奉就在附近的梁，听说他军队强盛，该不会成为我的障碍吧？”

董昭说：“杨奉缺少同党，没有外援，所以是真心与将军联合。任命您为镇东将军，封费亭侯，这些事情最终都是杨奉决定的。您应该不时派遣使者，带上厚礼前去表示谢意，让他安心。并告诉他迁都的理由，就说：‘洛阳没有军粮，想让献帝暂时移驾鲁阳；鲁阳靠近许昌，运输较为方便，可不必担心军粮匮乏。’杨奉虽然作战勇猛，但为人缺心眼，一定不会怀疑。在使者往来过程中，我们的大事早都办成了，他怎么能成为您的障碍呢？”

曹操说："很好！"立即派使者去见杨奉，按计策行事。

二十七日，献帝车驾出轘辕关，向东进发，迁都许昌。任命曹操为大将军，封武平侯。从此，曹操每次攻打诸侯都借着皇帝的幌子，说自己是名正言顺的。他在汉献帝这个傀儡的"帮助"下，逐渐建立起自己的霸权，在打败袁绍后，长江以北地区都归曹操管辖了。

知识小述

"挟天子以令诸侯"确实是很聪明的做法，凭借这一招曹操得到了无人能与之匹敌的政治资本，开始走上了夺取天下的道路。曹操的确是很有眼光的一个个人，对于时机，他牢牢抓住绝不放过，最后终于有可能成功了。机会本来对所有人都是平等的，只有主动抓住它，才能得到好处。

12 入西川刘备定根基

公元212年，刘璋让刘备率军进攻张鲁，刘备暂时将军队驻扎在葭萌。

庞统向刘备建议说："现在应该秘密挑选精兵，日夜兼程，直接袭击成都。刘璋不懂军事，又一向没有防备，大军突然到达，必然可以一举平定，这是上策。杨怀、高沛都是刘璋手下的名将，各自统领强大的军队，据守关头。找准机会抓住他们，再去吞并他们的部队，再进军成都，这是中策。退回白帝城，联合荆州的力量，再慢慢想办法，这是下策。但若在这儿犹豫不决，无所作为的话，一定会陷入困境，难以坚持很长时间。"刘备同意采用庞统的中策。

后来曹操进攻孙权，孙权要求刘备派军队援救。刘备给刘璋写信，向他说明自己必须回军援救孙权，并请求刘璋补充他一万兵力和物资粮草。刘璋只答应给他四千士兵，其余的要求都只落实一半。刘备就借此激怒他手下的将士说："我们为益州征讨强敌，士兵们都尽了自己的努力，而刘璋却积攒财物，舍不得犒赏，这样怎么能让士大夫为他死战呢？"

刘备一走，张松写信给刘备和法正说："大事即将成功，为什么丢下这儿离开呢？"

张松的哥哥、广汉太守张肃知道张松的计谋后，害怕会连累到自己，就向刘璋告发了张松。刘璋知道后，就把张松抓起来，将他杀了。又向驻守各关口和要塞的将领发送檄文，命令他们都不要再与刘备往来。刘备非常生气，召见刘璋手下的白水军督杨怀、高沛，责备他们对客人无礼，还斩杀了这两个人。然后率领军队进驻关头，吞并了杨怀、高沛的部队。又继续进军，占领涪城。

刘璋派手下的将领刘璝、冷苞、张任、邓贤、吴懿等人抵挡刘备，结果都被击败，退守绵竹，吴懿向刘备投降。刘璋又派护军李严、费观统领驻守绵竹的军队，李严、费观也率领部下向刘备投降。这样一来，刘备的兵力更加强大，就分派部下将领去占领周围的县城。刘璝、张任与刘璋的儿子刘循一起撤退，在雒城驻守。刘备进军，包围了雒城。张任率领军队出城，在雁桥与刘备大军交战，结果大败，张任战死。

汉建安十九年(公元214年)，刘备围攻雒城都快一年了，还没有攻下。其间，庞统不幸被流箭射中，伤重而死。法正写信给刘璋，分析形势的强弱，向他劝降，说："左将军刘备起兵以来，对您仍有旧情，实际上没有恶意。我认为您可以考虑其他的选择，以保留您的家门。"刘璋没有回信。

刘备终于攻破了雒城，接着就包围成都。诸葛亮、张飞、赵云也率领军队前来会合。

刘备包围成都几十天，派从事中郎简雍进城劝降刘璋。这时城中还有精兵三万，粮草还可以支持一年，官吏和百姓都愿意抵抗到底。

刘璋说："我们父子统领益州二十多年，没有对百姓施加什么恩德。百姓苦战三年，暴尸荒野，都是因为我刘璋，我怎么能安心？"于是下令打开城门，和简雍共乘一辆马车，出城投降，部下无不哭泣流泪。刘备把刘璋安置在公安，归还他的全部财物，让他佩带振威将军的印绶。

刘备进入成都，大摆酒宴，犒劳士兵。取出城中存储的金银，赐给将士，粮食和丝帛则物归原主。刘备兼任益州牧，任命军师中郎将诸葛亮为军师将军、益州太守。然后封官拜将，建立地方政权。

由于孙权的江南地盘是祖上留下来的基业，是传到他手上的，所以也就没有辛苦地建立自己的基业的过程。虽然三位英雄人物还没有称帝，但到此为止，天下已经基本在他们控制之下了，三国鼎立的局面正式形成了。

知识小述

刘备占据了蜀地，得到了"天府之国"的强大的物力、财力支援，这使刘备有能力组织几次大规模的北伐战争试图去打败曹操。成就事业，没有良好的根据地是不行的，只有得民心，人民才会将智慧和财富献出来，才会助你取得成功。

13 都洛阳曹丕称皇帝

魏黄初元年（公元220年）正月，魏武王曹操到达洛阳。二十三日，曹操去世。

当时太子曹丕正在邺城，驻守洛阳的军队发生骚动。大臣们想先保守秘密，暂时不公布曹操去世的消息。谏议大夫贾逵认为事情不应该保密，才把丧事公布。

鄢陵侯曹彰从长安赶来，询问贾逵曹操的玺绶在什么地方。贾逵脸色严肃地对他说："国家已经确立了正式的继承者，先王的玺绶这些东西，不是君侯您应该打听的。"

噩耗传到邺都，太子曹丕放声痛哭，不能自已。中庶子司马孚劝谏说："先曹操王驾崩，天下大事都依赖殿下作主；应当上为宗庙祭祀的延续着想，下为天下百姓的生计考虑，怎么能像普通人行孝一样，只知道号哭呢？"太子又哭了很久，才勉强止住，说："您说得对。"

这时群臣刚刚听到魏武王的死讯，聚在一起痛哭，连上朝的行列也无法保持。司马孚在朝中大喊，说："现在君王去世，天下震动，应当尽早拜立新君，以稳定全国局势。你们难道就只知道哭吗？"于是下令让群臣退朝，设置宫廷的警卫，料理丧事。司马孚是司马懿的弟弟。

群臣认为太子即位应该等待皇帝的诏令。尚书陈矫说："大王在外地去世，全国上下惶恐不安，太子应当节哀，继承王位，以维持天下人的期待。况且还有先王宠爱的其他儿子在一边等待拥立的机会，万一来去之间发生变故，那么国家就会有危机了。"于是立即安排官员备办礼仪，一天之内全部准备齐全。

第二天早晨，借用王后的名义命令太子即位，大赦天下。汉朝皇帝也很快派遣御史大夫华歆带着诏书，授给曹丕丞相官印、魏王玺绶，让他兼任冀州牧。后来曹丕废汉帝，继皇帝位，改国号为"魏"。

在曹丕称帝四个月后，刘备也加了皇帝号，建国号为蜀，公元 222 年，孙权在江南称帝，建国号为吴，至此，历史进入了三国鼎立的短暂时期。

知识小述

三国形成，结束了天下无数路诸侯混战的局面。让国家暂时实现了小一统。这对于天下百姓来说，是一件天大的好事。因为只有战乱减少了才能过上生产财物的日子。

14 司马炎篡位号晋

在曹操晚年的时候，他的手下涌现出一名将帅奇才，名叫司马懿。在他的帮助下，曹丕成功地抵制了诸葛亮的六次进攻和姜维的九伐中原，维护了曹魏在北方的统治。后来，又在司马懿两个儿子司马师和司马昭的协助下，灭掉蜀和吴统一全国，可以说，司马氏是曹魏的大功臣，可是在那个时代，只有英雄才能获得天下的认同。于是魏国宫廷内部早已是波涛汹涌了。

甘露五年（公元260年），魏帝曹髦年届二十，在外无强援、内无谋主的情况下，想凭其皇帝的名义作孤注一掷。五月，曹髦对其师傅王经、王沈、王业说："司马昭之心，路人所知也。"命令这三人随驾去杀司马昭。三人闻言大惊。王经逃回家中，闭门不出，王沈、王业慌忙奔告了司马昭。曹髦无奈，搜罗宫中奴仆数百人，亲自仗剑，鼓噪而出。此时司马昭的亲信贾充早已统领禁卫军严阵以待。和皇帝性命相搏，禁卫军难免胆怯。太子舍人成济急问怎么办，贾充说司马公豢养尔等，为的就是今天，有何可问！成济操矛直刺，曹髦当场毙命。司马昭随即逼令郭太后诏责曹髦，归罪成济，族灭王经，立年仅15岁的曹操之孙曹奂为帝。

东汉中叶以来，士族社会地位及权势的膨胀，渐成不可逆转之势，社会风气以门第相尚。曹氏出身宦官，后族大都来自社会底层。曹操卞后，出自娼家。文帝甄后，原是袁熙之妻。郭后被时人称为出身低微。

明帝毛后，来自手工工匠家庭。比照历代封建王朝，后族门第如此，实属罕见。封建时代王公权贵的婚姻，历来都是政治行为。此等状况，使曹氏集团处于十分不利的地位。司马氏门第高于曹氏，姻戚大都是名门望族，在权势之争中又竭力维护士族的利益，放纵达官贵人招募佃客。景元五年（公元 264 年），司马昭又颁行五等爵制，600 余官僚贵族得到世代享有封国食邑的特权，士族们更愿依附司马氏了。

高平陵之后，司马氏还是重视用人及行政的，他废除了魏明帝时的一些苛政，减免了一些杂徭杂赋。所以吴国的大臣张悌也说司马氏用政平惠，民心所归，淮南虽有三次叛乱，民间却没有什么骚动。在司马氏的各项措施中，影响最大的是废除民屯。屯田制实施初期，对社会经济的恢复起到积极作用，屯田客除了接受分成制剥削外，没有其他负担，尚可维持简单的再生产。

后来，对屯田客的剥削日益加重，用官牛者，官收其八，民得其二；用私牛者，官七民三，此外还有各种徭役、绸绢等重负。屯田客对生产已毫无兴趣，乃至收获低于投入的种子，屯田已成为生产的桎梏。屯田客的单独管埋也有碍政令的统一。早在司马昭为洛阳典农中郎将时，免除屯田客的一些杂役便被认为是一大惠政。

咸熙元年（公元 264 年）为统一政令和赋役负担，司马昭下令废除民屯，屯田客成为国家编户，屯田官吏转化为地方行政官吏。此举有利于激发屯田客的生产兴趣，对经济的恢复客观上有促进作用。在这以前，司马昭又消灭了蜀国，代魏的条件完全成熟了。

该年春，灭蜀大军凯旋，司马昭晋爵晋王，享有天子仪仗。但司马昭没有来得及登基便死了。其子司马炎嗣王位。咸熙二年腊月十七，司马炎废曹奂为陈留王，登基称帝，建国号为晋，建元泰始，都洛阳，史称西晋。

知识小述

司马懿父子都是伟大的政治家和军事家，他们在战争过程中树立起自己的威信，是靠实力让权力最终落到自己手中的。再加上曹丕建立的魏本来也就不是什么“正统”，所以司马炎踢掉曹姓皇帝建立西晋也无可厚非。司马炎的历史功绩是，他再一次承接了一个统一的中国，并将其推向一个文化恢复发展的高峰期。

15 八王之祸乱天下

司马炎建立晋朝后，他担心自己也遭到曹氏家族灭亡的命运，称帝以后便大封同姓宗族为王。追封司马懿为宣皇帝，司马师为景皇帝，司马昭为文皇帝。封司马孚为安平王，司马幹为平原王，司马亮为扶风王，司马骏为汝阴王，司马肜为梁王，司马伦为琅琊王，司马攸为齐王，司马鉴为乐安王，司马机为燕王，又封司马孚等子侄 17 人为王，一共封了大大小小 28 个王。

司马炎以为这样一来，就能保住司马家族万世为帝了。谁知他这样做埋下了争权夺势的隐患。在他一命呜呼之后，太宰汝南王司马亮为了争夺权势，展开了一场长达十六年之久的内战，这就是司马家族“八王之乱”。

“八王之乱”首先是从“贾后之乱”开始的。

太熙元年(公元 290 年)，晋武帝因荒淫过度病死，终年 55 岁。痴凝呆傻的司马衷继位，是为晋惠帝。

继位的晋惠帝司马衷软弱无能，受皇后贾氏摆布。贾后为人阴险狠毒，她先是密谋诛杀了杨骏，此后又废杨太后为平民，并诛灭三族，杨氏亲属徒党死者几千人。

这场流血政变之后，司马衷召请司马亮进京辅佐朝政，任他为太宰，与太保卫瓘共同主持朝政。任命秦王司马柬为大将军，东平王司马懋为抚军大将军，楚王司马玮为卫将军，下邳王司马晃为尚书令，又加封了董猛、李肇等人。

司马亮很有野心，朝廷中大事小情，总是他一个人说了算。司马衷简直成了傀儡。

贾后非常嫉恨大权在手的司马亮，于是她便叫皇上写了一份诏书，叫人送给司马玮。诏书上说："淮南王、长江王、成都王马上带兵进京驻守，罢免司马亮和卫瓘两人的官职。"贾后派亲信深夜把诏书送给司马玮。司马玮看过诏书，将信将疑。司马玮也想借此报复以前的积怨，于是调集手下军队，向京城内外的 36 支军队宣布说："太宰、太保图谋不轨。我今奉皇帝手谕，统领京城各军。京城内外将领均应召集本部兵士，协助讨伐叛逆！"

司马亮被捕以后，叹息说："我对皇上的一片忠心，可以向天下人证明。"后来他和儿子司马矩一起被杀害。

太保卫瓘一家九口人在这次政变中全部被仇人都荣给杀死了。

当消除了司马亮和卫瓘这两个政治对手以后，司马玮手下的岐盛劝他应该乘此机会起兵逮捕贾后等人，匡扶皇室。司马玮犹豫不决。这时贾后却嗅出了周围的危机，她骗取了傻皇帝的信任后叫皇上派殿中将军王宫等人拿着皇帝的旗幡，向大家宣布："楚王打着皇帝的旗号私自行事，大家千万不要听信他的话。"这样一来，司马玮进京时，手下人纷纷离他而去。司马玮被眼前所发生的事情弄得十分狼狈。王宫指挥兵士，一拥而上，七手八脚地把他捆绑起来。就这样，司马玮稀里糊涂地被贾后一伙给杀了。

自此，贾皇后便专断朝政。公元 299 年，贾南风诬他母子要弑君，废太子为平民。太子无罪被废，引起一部分拥护太子的朝臣的不满。第二年，他们联络握有军权的赵王司马伦，密谋废除贾后，复立太子。赵王司马伦当即满口答应参与行动。

但是，司马伦原本与贾后关系亲密，他害怕太子复位对自己不利，于是，他先是挑动贾后用毒药害死太子，然后借口为太子报仇，领兵冲入宫中，捕杀了贾后和她的党羽，夺得了政权。第二年，他索性废掉了傀儡皇帝晋惠帝，自己做起皇帝来。

赵王司马伦称帝，马上激起其他宗室诸王的反对。齐王司马冏联合成都王司马颖、河间王司马颙等起兵讨伐司马伦。双方在洛阳（今河南洛阳）附近激战两个多月，死亡近十万人，赵王司马伦兵败被杀。齐王司马冏迎回晋惠帝，入朝辅政。

不久，河间王司马颙联合在洛阳的长沙王司马乂，又对司马冏发动进攻。两军在京城展开激战。一时，洛阳城内飞箭如雨，火光冲天。混战三日，齐王司马冏兵败被杀，长沙王司马乂掌握政权。

公元 303 年，司马颙又联络成都王司马颖，杀掉司马乂，后又打败了企图乘乱夺取朝廷大权的东海王司马越。战乱中，晋惠帝被司马颙的部下劫持去长安（今陕西西安），安置在河间王司马颙的征西将军府。中央政权又落到司马颙手中。

公元 305 年，东海王司马越再次起兵攻打司马颙。司马颙联合司马颖率军反击，结果战败逃走。第二年，司马越攻入长安，把晋惠帝夺回洛阳。司马颖、司马颙先后被司马越的亲信势力杀死。

这年十一月的一天晚上，晋惠帝吃了几个绀饼，突然肚子剧痛，大喊大叫几声之后，在显阳殿口鼻流血而死。晋惠帝死后，司马越也未追查凶手，马上另立晋惠帝的弟弟司马炽为帝，是为晋怀帝，司马越独掌晋朝政大权。

到此为止，历时十六年的晋皇室宗亲间的“八王之乱”才告结束。十年之后，东晋王朝开始了，晋朝有了灭亡的前奏。

知识小述

司马氏的西晋毁于内乱，毁于同门弟兄、子侄之间的相互不信任，争权夺利。用“祸起萧墙”这个词来比喻西晋的这场动乱再合适不过了。有时候，外界的压力是会让一个宗族团结一心，牢牢抱在一起来抵御外敌的，可是一旦压力消失，内部的矛盾就上升为主要矛盾了。溃散从内部开始的就会彻底摧毁这个家族，西晋短暂的历史就告诉我们这样一个教训。

16 刘裕登基定乾坤

安帝司马德宗是东晋倒数第二任皇帝，他同老祖宗、西晋第二任皇帝惠帝司马衷相似——都属于白痴。所以，刘裕没把安帝放在眼里，伺机废掉他，自己当皇帝。刘裕是在镇压农民起义中崛起的大官僚，安帝封他为太尉，中书监，掌握了朝中实权。不久，刘裕听说后秦国姚兴病故，其子为争帝位相互残杀，不禁心生一计：趁此机会北伐后秦，为日后夺取东晋大权打下基础。

义熙十二年（公元 416 年）八月，刘裕亲率 8 万大军，开始北伐。北伐军共分五路进兵，前锋都督王仲德一路人马没费一兵一卒便攻占滑台（今河南省滑县东）；龙骧、冠军带领的步兵也所向披靡，打下洛阳城，俘获四千秦兵，将他们全部放回家，一个不杀，致使晋军威望大增；王镇恶大军收复潼关，又攻下后秦国都长安。至此，刘裕北伐取得全面胜利。

刘裕进驻长安不久，听说他安置在建康的心腹左仆射刘穆之死了，不禁着起急来。万一建康有变会影响自己夺取皇位，长安被胡人占领一百多年，不宜久留；于是让自己 12 岁的儿子刘仪真镇守长安，命令王镇恶等人辅佐。

刘裕回到东晋京都建康，安帝下诏封他为相国。宋公刘裕亲自掌管了朝政。

义熙十四年（公元 418 年）年尾，刘裕想自己是 60 岁的人了，时间不多了，应该加快夺权的步伐。于是让心腹中书侍郎王韶之处死安帝。

王韶之得到命令不敢怠慢，买通安帝身边的内侍，趁安帝睡觉时，将他勒死了。

刘裕听说安帝司马德宗已死，马上让琅琊王司马德文继承大位，即恭帝。当然，恭帝不过是摆设，大权仍在刘裕之手。

恭帝继位不久后的一天，刘裕举行宴会，宴请文武大臣，几杯酒下肚，他的话就多了，对众臣说："如今边关太平，朝廷也无甚大事，老臣年已六旬，当奉还爵位，告老还乡了。"

中书令傅亮马上拜见宋王刘裕说："宋王宴席上所说的话，有失民望啊！臣等还想请相国君临天下，完成统一大业呢！怎么能说告老还乡的话？当今可无皇帝，不能无宋王。臣愿为民请命！"刘裕听罢，正中下怀，心中高兴，表面却一言不发。

次日，傅亮拜见恭帝司马德文，说："臣夜观天象，发现空中出现长星，预示着有贵人出现。此星当应在宋王刘裕身上。陛下应顺天意，以成美德。"

恭帝听罢，大吃一惊：这不是逼我退出皇位吗？于是呆坐不语。傅亮又说："晋廷今非昔比，险象环生。若非宋王逐桓玄、杀卢循、灭南燕、抗北魏，晋室早已灭亡。臣等顺天意应民心前来上奏，愿陛下体察民情。"

恭帝心慌意乱，想与心腹人商量都没有机会，面前坐着众臣，全是刘裕的心腹，欲言又止，心中难过，仍不说话。

傅亮火了，居然大声训斥起皇帝来，根本不顾什么君臣礼节。恭帝见在座的大臣无一人替他说话，寒心至极，知道大势已去，无可挽回，伤心无用，不让位不行，为了保全性命，让位就让位吧！于是强作笑脸，赞扬一番刘裕的功绩，最后说："寡人甘心禅位。"当即下了禅位诏书，又取出传国玉玺和皇帝印绶让人送给宋王刘裕，自己领着皇后嫔妃悄然出宫。

宋王刘裕得到禅位诏书，大喜过望，于元熙二年六月登上皇帝宝座，国号为宋，拉开了南北朝历史的帷幕。

东晋自元帝司马睿始（公元 316 年），至恭帝司马德文死亡（公元 420 年）止，历时 104 年，加上西晋 52 年，司马家族统治共计 156 年，到此彻底结束了。

知识小述

在东晋王朝统治的一百多年中，由于皇室内部的不稳定，皇帝的昏庸无能，致使人民生活苦不堪言。为了能够生存下去，人民纷纷拿起武器，走上了斗争的道路。刘裕乘此机会灭亡了司马氏家族的晋朝，自己建了一个"宋"国，从此，中国又进入了一个分裂时期——南北朝时期。五胡十六国开始在中国历史舞台上轮流展现着自己，民族文化进入了新的融合期。

17 杨坚建隋一统中国

南北朝时期国家非常多，连许多少数民族贵族也乘机瓜分中原，建立政权。各国的世家大地主过着奢靡腐败的日子，但是平民的生活却被卷入纷繁的战乱中，非常痛苦。人民非常想拥有一个统一的国家。公元 578 年，北周皇帝宇文邕亲带大军进攻南朝陈国，想完成统一天下的愿望。但刚攻占彭城突然患病，越来越重，只好选继承人。宇文邕皇帝经过思考，最终还是选择了不学无术的亲生儿子宇文赟。

宇文邕走了一步错棋，犯了任人唯亲的错误，造成永远无法挽回的遗恨。

谁也不曾料到，刚登皇位的宇文赟竟用木棍用力敲打着父亲的棺材说："你死得太晚了！"父亲的遗体刚埋葬，他就把全部嫔妃掌握到手里，在后宫一混就是半个月，觉得玩腻了，才开始理政。

宇文赟处决对他有威胁的人，包括他们宇文氏家族的人也不例外，能杀则杀。然后重新任命高官重臣，让杨皇后的父亲杨坚主持朝政。

杨坚 (541 ~ 604) 是弘农华阴 (今陕西华阴) 人，出身于武将王公之家。父亲久经沙场，屡建奇功，为北周的建立做出过卓越贡献。因此，他被朝廷赐契丹族姓普六茹，官至柱国大将军、大司马，封隋国公，公邑万户。

宇文赟整日吃喝玩乐，不理朝政，竟把皇位让给了年仅六岁的儿子，自己躲到后宫享乐去了。他的这种做法让杨坚开始萌发篡权之念。他私下对宇文庆说："天元 (指宣帝) 实无积德，视其相貌，寿亦不长。"而观其派出镇守地方之诸王，都很幼弱，可知他"无深根固本之计"。杨坚与"司兵事，多计略"的高颎，以及名望素重的李德林、苏威等人关系密切，凡事都与他们商议然后实行。

大象二年 (公元 580 年) 五月十一日，宣帝突得重病，而且失掉语言能力。平日围绕在宣帝周围的郑译等，矫诏杨坚"居中侍疾"。当日，宣帝死，年仅 22 岁。刘、郑等人秘不发丧，矫诏杨坚"受顾命辅少主，总知内外兵马事"，守卫皇宫及京城的左右宫伯、左右羽林诸卫，并受其节度。

杨坚唯恐诸王在外发动军事政变，借故将赵、陈、越、代、滕地诸王召至京师，严加控制起来。只有拥重兵驻扎相州 (今河北漳县西南邺镇) 总管尉迟迥不肯就范，发出“杨坚藉后父之势，挟幼主以作威作福，不臣之迹，暴于行路”的檄文，号召周朝兵将群起讨伐叛逆。数日之内，响应者数十万之众。益州（今四川成都）总管王廉、郧州（今湖北安陆）总管司马消难也追随尉迟迥，起兵向杨坚宣战。杨坚当即派大将高熲、韦孝宽统领大军到陈迎战，经过短短六十天的激战，尉迟迥、王廉、司马消难所部数十万大军遭到毁灭性打击，尉迟迥自尽，王廉被杀，司马消难败逃陈国避难。

至此，杨坚牢牢掌握住军政大权。幼主宇文阐始授杨坚为相国、隋王称号。不久他在胁迫下交出帝玺，禅位于杨坚。公元581年，建立隋朝。至此，北周宣告结束。

杨坚称帝以后，确定了富国强兵、统一天下的目标，他为此奋斗了8年，使隋朝变成了北方强国，迈出了进兵南朝、吞并陈国的步伐。

陈国皇帝陈叔宝乃嗜酒贪色之徒，一年之内竟连续多次在全国范围内挑选美女，沉湎后宫，整日晕晕乎乎不理朝政。

589年（隋开皇九年正月），隋将贺若弼利用陈朝君臣沉醉于庆贺新年，防备松懈的时机，从广陵引兵渡江，陈朝将士竟没有发觉，贺若弼乘胜进军，很快占领京口（今江苏镇江），俘虏陈朝徐州刺史等以下6000余人。贺若弼领兵军纪严明，秋毫无犯，有士兵在民间买酒，当即被贺若弼下令处死。隋军还释放俘获的6000陈兵，并发给他们粮食，还将隋文帝的平陈诏书散发给他们，让他们回各地宣传。另一路隋将韩擒虎率领500士兵，自横江夜渡采石，把喝得酩酊大醉的陈兵全部俘虏。韩擒虎率兵过江之后，稍加休整，便进攻姑熟（今安徽当涂县境），仅用半天时间便一举攻克。接着，贺若弼自东北、韩擒虎自西南，南北夹攻，直逼建康。

最后俘虏了陈后主和他宠爱的张、孔两位贵妃。

隋军占领建康后，又派军占领南方陈地。岭南地方首领冼夫人是南朝高梁（今广东阳江西）太守冯宝的寡妻，她统辖部落十余万家，很有实力。隋军统帅晋王杨广命陈叔宝致书冼夫人，告诉她说陈朝已亡，劝其归隋。冼夫人深明大义，不愿意百姓被战火侵扰，就派人迎接隋使入广州，岭南诸郡皆定，从此，隋朝完成了统一中国的大业。

知识小述

杨坚统一中国为今后李渊建立唐朝打下了良好的基础。隋朝是一个过渡时期，军阀地主的势力完全超过世家大地主成为政权的主流。虽然杨坚建立的隋朝时间短暂，但它展现在世人面前的繁华却预示着有一个无比辉煌的朝代即将到来，这就是唐朝。

18 李渊起兵创大唐

杨坚死后，杨广继承皇位，杨广和陈后主一样，也是个酒色之徒，不过他更加残暴，他为了自己的享乐，修建了京杭大运河，好让自己方便地去江南遍地美女的地方游玩。大业十三年(公元617年)，为了推翻隋炀帝的统治，李渊在太原起兵，竖起反隋大旗。

公元618年，李渊改国号为唐，改元武德。

唐王朝虽然建立起来了，但面临着很多困难，当时全国割据势力不可胜数，如果搞不好，随时有可能被其他势力消灭掉，因此，建国的任务是艰巨的。

唐王朝刚刚建立，割据陇西的薛举带兵10万，是唐王朝的一大隐患。薛举是陇西豪族，原为金城府校尉，公元617年举兵反隋。

李渊令李世民率兵讨伐薛举，扶风一战，击败薛举。武德元年六月，薛举又攻泾州，李世民为帅迎战，因途中生病，由刘文静负责指挥，刘文静违背李世民坚守不战的指示，被薛举击败。以后，薛举死后，他的儿子薛仁杲多次侵占唐王朝的土地。李渊再命李世民为讨西元帅，经过激烈的战斗，在十一月大败薛仁杲于浅水原，俘获薛仁杲，平定了陇西。

在唐的北方，突厥立了两个傀儡，一个是梁师都，一个是刘武周。

刘武周在突厥的支持下，统兵南下，攻占了太原，席卷今山西地区。奉命镇守太原的齐王李元吉，连夜携妻妾奔还长安。

李渊听到太原失守，主张放弃河东，坚守黄河，李世民坚决反对，他说："太原为王业的基础，是国家的根本。河东富庶，是京师的财源。如果因暂时的挫折而放弃，恐怕河东不保，必危及关西。我愿带 3 万精兵，保证收复太原。"李渊采纳了李世民的意见。

公元 619 年 11 月，李世民带关中军自龙门踩冰渡河，与刘武周大将宋金刚对峙。当时，有不少将领请求出战，李世民坚决不准，采取坚守不战，以待敌人疲惫，斗志减弱时，一举击败敌人。双方相峙到公元 620 年 2 月，宋金刚因军粮不济，又难以速胜，只得后撤，李世民立即命令部队追击，一昼夜行 200 余里，至高壁岭，只有少许敌军，不值唐兵一扫。将士请求驻军待粮，李世民不从，忍饥疾驰，一直追至雀鼠谷，才追上敌军。宋金刚且战且退，交锋 8 次，都被唐军击败，斩杀敌军达数万人，宋金刚落荒而逃。李世民三日不解甲，二日不进食，挥兵猛追，追至介休城，此时宋金刚尚有 2 万人，开门出战，背城列阵。李世民令前军迎敌，自率后军绕到敌后，夹击宋金刚。宋金刚大败，带少数轻骑逃去，李世民追击数十里，又杀敌三千。敌将尉迟恭、寻相还守着介休，李世民派人劝降，二人投降了李世民。

刘武周见宋金刚兵败，知大势已去，就放弃太原，逃奔突厥，李世民一举收复整个河东大地。由于李世民的远见卓识和用兵得法，取得了战争的胜利，大唐王朝的一次危机得以解除。

武德三年（公元 620 年），平定了河东的李世民又率大军进攻洛阳，消灭在洛阳称帝的王世充。

到了公元 624 年，经过 5 年战争，各地的割据势都被逐个消灭，唐王朝统一了全国。

在唐王朝平定了各路割据势力后，李渊家族内部矛盾尖锐起来。李渊的二儿子李世民军功赫赫，在军队中有绝对至高的威望，但是长子李建成也对国家有功。于是，李世民发动了玄武门之变，把李建成和弟弟李元吉都杀死，巩固了自己的储君地位。从此，唐朝进入了中国历史上最辉煌灿烂的时期。李世民的“贞观之治”稳固了唐朝政权，也使自己成为中国古代一位杰出帝王。

知识小述

李渊建立了唐朝，并且，他还拥有一个文治武功的好儿子——李世民，他们为大唐奠定了良好的基础。虽然到了唐玄宗的时候唐朝有了被颠覆的危险，但是由于李隆基及时发现了错误，挽救了整个王朝，大唐的辉煌成就，如同满天的星辰般灿烂无比。这也是个文化集大成的时代，影响了整个亚洲地区，这都是足以让中华儿女引以为荣的。

19 朱全忠灭唐称帝

在唐朝历史上，出现了唯一一位女皇帝——武则天。她在位时虽然改国号为“武周”，但最后还政于李氏家族。她的孙子李隆基登基后，使唐朝达到“开元盛世”的伟大时期。但是到李隆基统治后期他因为宠爱杨贵妃开始荒废朝政，终于引发了导致唐朝由盛转衰的长达七年之久的安史之乱。

安史之乱后，唐朝国力每况愈下，后来终于导致了黄巢领导的农民起义。

这次起义，虽然没有直接使唐朝灭亡，却也动摇了大唐的根基。晚期的大唐，已经是百孔千疮，军阀混战，岌岌可危了。

朱温，原是黄巢部下一位大将，后投降官兵，被朝廷任命为汴州（今河南开封）节度使，僖宗皇帝给他改名为朱全忠。一天，雁门节度使李克用派人到朱全忠处借粮，朱全忠听说李克用在城外驻兵，为了追击黄巢义军，便亲自出城，邀李克用进城赴宴。

在酒宴上李克用变相地说朱全忠是一位投降者，朱全忠很恼怒，想发作又忍住。可李克用没注意朱全忠的脸色，借着酒劲又说："朱公不是名'温'吗，怎么又改了名字？"朱全忠听了这话，面露得意之色，说："全忠之名乃当今皇上赏赐。"

不料，李克用却说："'全忠，全忠'，好名字，好名字，只是不晓得黄巢听了，有什么想法？"

俗话说，说话不揭短，李克用这话挖苦得太厉害了，朱全忠气得脸像猪肝，大将杨彦洪提议说："李克用太目中无人了，干脆把他杀了算了！"

朱全忠正在气头上，自然同意，半夜时率兵将李克用住的驿馆包围，并放火焚烧。这时下起了大雨，李克用和随从才逃出来。

在众人护卫下，李克用绝路逢生，后来又被手下亲兵"义儿军"救出重围，平安逃回大营。

文德元年（公元 888 年）春，唐僖宗皇帝病故，他的弟弟李晔继位，即昭宗，改元为龙纪。这个时期，军阀混战更加激烈，最后有三支军阀力量较强，一个是山西李克用，一个是陕西李茂贞，再就是河南朱全忠。这一晃，就是十几年。

天复元年（公元 901 年），宦官给皇帝出主意，封李茂贞为峻王，进京辅政，把宰相崔胤贬谪出京都。崔胤原来依附于朱全忠，此时便鼓动朱全忠发兵将皇帝从李茂贞手中夺过来。

李茂贞的大本营是凤翔，太监韩全海逼迫昭宗到凤翔。天复二年（公元902年），朱全忠率7万兵力攻打凤翔，因城内断粮，李茂贞只好打开城门，把皇帝交给朱全忠。

天祐元年（公元904年），朱全忠基本统一了黄河流域，并逼迫昭宗皇帝迁都洛阳。

昭宗来到洛阳，一切行动均在朱全忠的控制和监视之下，不久，又被杀害，他的九儿子李祝继位，才13岁，即“哀帝”。

随后，朱全忠又大肆杀戮李室宗亲和唐朝官员，将他们的尸体丢进黄河之中。

朱全忠在与李克用争斗时，连续三次破开黄河堤坝，淹没上万户百姓，毁坏良田无数。

公元907年三月，朱全忠让小皇帝禅位，他自己当上了皇帝，国号“梁”（史称后梁），年号为开平。朱全忠给自己重新起了名字“晃”。

从公元618年李渊开国，到公元907年李木兄禅位，整整290年，共有23位皇帝。公元908年，唐朝最后一位小皇帝被朱全忠派人杀害。

自此以后，中国进入了五代十国的战乱时期。中国又一次被军阀分裂了。

知识小述

中国在经过唐朝的辉煌后随着朱温的铁骑进入了一个诸侯割据的大动荡时期——五代十国时期，中国又一次被分裂了。与以往不同的是，在这段时期内北方少数民族开始了真正的崛起，有力地威胁着以前只有汉族人才能拥有天下的局面，这也从另一个角度说明，汉族人民和少数民族自古以来便不分彼此地生活在一起，为建设中国这片土地而不懈努力。

20 赵匡胤黄袍加身

赵匡胤，涿郡（今河北涿州市）人。由于他勇猛善战，屡立战功，不断获得升迁。

周世宗七年(960年)春，北汉勾结契丹进攻后周。当时周世宗刚刚过世，周恭帝才七岁。朝廷令赵匡胤率军。后周军队走到京城东面的陈桥驿(在今河南开封东北)时，驻扎下来。这时，天上出现了奇怪的景象。军中有个叫苗训的人，精通天文，与门人楚昭辅一齐观察天象，发现红日之下又有一日，两日共悬天上，四周黑光隐隐闪烁，经久不退。这夜五更天左右，周军将士汇集在陈桥驿的驿门边，声言要策立点检作天子。有人出面阻止，但众人不听。快到天明，将士们围住赵匡胤的大帐，让赵匡胤之弟赵光义进屋告知此事。赵匡胤惊醒，急忙出帐查看。只见许多将佐手持刀枪围在帐前，纷纷大喊:“现在朝中无主，我们要太尉作天子。”还不等赵匡胤回答，就有人将一件黄衣披在他身上，众兵将一起跪下山呼万岁，并将赵匡胤拉上坐骑，赵匡胤在马上大声说:“我的号令，你们能不能服从？”众将一齐下马回答:“愿听从指挥！”于是赵匡胤发令:“我本来是太后、恭帝的臣下，你们不得侵犯他们。朝中大臣，原都是我的同事，你们也不得凌辱。朝廷的府库、百姓的家，你们也不得骚扰侵犯。遵令者有重赏，谁若违犯，格杀勿论。”众将允诺。赵匡胤立即整顿兵马，回转京师。驻守京师的副都指挥使还想抵挡，结果被大将王彦升诛杀在家中。

赵匡胤进城后，登上明德门城楼，命令将士们各回营房，自己仍回原来公署。不一会儿，诸将拥着宰相范质等前来。

范质等朝臣相顾无言，迫于无奈，于是跪伏朝拜称臣。周恭帝年幼无知，符皇后一个妇人哪见过这种场面，只知哭泣。朝中百官见后周大势已去，只得请周恭帝禅位于赵匡胤。赵匡胤改封周恭帝为郑王，尊符皇后为周太后，然后请周恭帝和符皇后迁进西宫。

本年正月，赵匡胤大赦天下，改年号为建隆，国号称“宋”。赵匡胤即为宋太祖。

后来，借着众将领都拥护自己的机会，赵匡胤讨伐了蜀国，接受了吴国钱俶的归顺后凭借自己的军功做起了名副其实的皇帝。他尊母亲杜老夫人为皇太后，册立夫人王氏为皇后。但是还没来得及享福，赵匡胤就对“皇帝难当”有了深切的体会。

为了驾驭好天下局势，实现长治久安，赵匡胤意识到了武将拥兵太多始终是个祸根，很容易就会出现武将叛乱的情况。

当时手握大权的就是石守信、王审琦等人。他们早年就和赵匡胤有交，陈桥兵变时立有大功，而且，手握重兵，对皇室是个威胁，形势有变就可能发动兵变，改朝换代。

建隆二年 (961 年) 七月的一天，赵匡胤把手握重兵的将领石守信等人召到宫中喝酒。喝到酒兴正浓之际，赵匡胤忽然让闲杂人等统统退下去，以亲切口气对石守信等人说：“没有你们的拥护，我不会有今天。然而，做天子也太难，真不如做节度使快乐，我整夜都睡不安稳呐！”石守信等听后大惑不解，他们发问道：“您有什么为难之事，为什么睡不安稳呢？”赵匡胤答道：“这有什么不明白的，谁不想坐天子的宝座呢？我能不操这个心吗？”

赵匡胤说出这样的话，石守信等惊慌不已，赶紧叩头说：“陛下怎么说这种话，现在天命已定，哪个还敢再有异心？”谁知赵匡胤一针见血地说：“我知道你们不会有异心。然而，如果部下贪图富贵，把黄袍加在你们身上，那时你们想推辞能行吗？”这时候石守信等都听明白了，他们一边流泪，一边叩头，说道：“臣等愚笨，没有想到这一层。请陛下可怜我们，给指示一条出路吧。”

赵匡胤这才从容地开导石守信等人说:“人生一世不过白驹过隙，何不多积累金钱，好好享受呢？如果你们解除兵权，到地方上当个官，那样你们就可以选择好田地、好府第，自己享清福，还给子孙们留下基业。还可以找一些歌儿舞女，饮酒欢乐，痛痛快快地安度晚年。朕还可以同你们结为儿女亲家。这样君臣之间两无猜疑，上下相安岂不很好？”听了这一番话，石守信等人如醍醐灌顶马上叩头谢恩，他们说:“陛下这样为我们操心，真是生死之情，骨肉之亲啊！”

第二天，他们就纷纷称病辞职，赵匡胤立即接受请求，解除了他们统领禁军的兵权，然后赐给了他们大量金帛，让他们到地方做节度使。历史上把这件事叫做“杯酒释兵权”。通过这种办法，赵匡胤牢牢把兵权控制在手中，巩固了自己的皇位。

知识小述

北宋的建立统一了中原地区，却控制不了北方少数民族所占领的广大疆域。宋朝与少数民族连年争战，不但人民生活在水深火热之中，而且宋朝的政权也日夜受到威胁。这是历史在告诉人们，少数民族的政治史马上就要开始了，民族文化已经不单纯是独立的，而是马上又要到达一个至高的融合期。

21 成吉思汗统一蒙古

北宋建立后一直受到北方少数民族的骚扰，与辽国、金国、西夏诸国连年争战。由于北宋建立后军队多集中在中央朝廷，所以对边患的镇压无能为力。就这样在别国挑起的战争下国力每况愈下，终于被辽国割去了“幽云十六州”，将朝廷挪到长江以南，并给西夏、辽等国家送“岁币”来买平安。可是女真族建立的金朝兴起后，和南宋的战争局势有拉大的态势，人民仍然生活在水深火热之中。

正在南宋被金朝打得无还手之力的时候，在北方草原上升起了一颗蒙古族战争明星——成吉思汗。

成吉思汗，原名铁木真，后来他孙子忽必烈建立元朝后将他尊为元太祖。铁木真姓奇渥温氏，蒙古人。他的父亲也速该早年征讨蒙古塔塔儿部落，俘获其酋长铁木真时，正逢妻子月伦生下太祖，于是就以铁木真为名，以记武功。

当时的蒙古草原，各氏族部落还处于逐水草而居的游牧生活阶段。各部落中，只有泰赤乌部落强盛起来。泰赤乌各部感到本部头领凶暴残忍，又见铁木真待人宽厚，经常赐给别人裘衣肥马，非常高兴，赤老温、哲别、失力哥也不干、朵郎吉、札剌儿、忙兀等人都率部背叛泰赤乌部，前来归顺铁木真。

壬戌年 (1202 年)，铁木真出兵兀鲁回失连真河地区，讨伐按赤塔塔儿、察罕塔塔尔二部落。

由于铁木真治军严明，待人宽厚，又英勇善战，势力很快强盛起来。第二年，铁木真将军队移往斡难河上游地区，策划攻打王罕部。王罕兵败逃出来以后，路上遇到乃蛮部落的将领，终于被杀，亦刺合逃到西夏，每天靠抢掠食物生活，不久被西夏逼走，逃往龟兹，龟兹国王发兵讨伐，最后将他杀死。

甲子年 (1204 年)，铁木真在消灭王罕后，又在帖麦该川大会部众，商量讨伐乃蛮部落的太阳罕。

当时，蒙古部落军中有一匹老马受惊跑到乃蛮军营中，太阳罕见了，对部众说："蒙古军马如此瘦弱，我们可以诱敌深入，然后一战可胜。"他的部将火速入赤回答道："先王作战时，勇往直前，毫无后顾之忧，兵贵神速，现在你如此拖延战机，是不是害怕了？如果害怕，为何不让后妃来统帅军队作战？"

太阳罕听了大怒，立即跃马而出，向蒙古军挑战。

当天，双方大战到傍晚，铁木真擒杀了太阳罕，其他部落联军也一败涂地，连夜逃窜，遁入山崖险地，中间坠崖而死的不计其数。第二天，残余敌军全部投降，还有朵鲁班、塔塔儿、哈答斤、散只兀四个部落也前来投顺。

到丙寅年（1206 年），铁木真在斡难河边大会诸王群臣，建树九游白族，即汗位，大家共上尊号，称他为"成吉思汗"。

成吉思汗统一蒙古建国后，先后西征西夏和中亚、南欧，又一度与金朝相抗衡，南征北讨，武功显赫。二十二年（1227 年）七月，成吉思汗西征回军，攻灭西夏。回军途中，突然身染重病，几天以后，在萨里川老徒的军营中病故，终年六十六岁。

成吉思汗去世后，他的儿子窝阔台继承了汗位。这时西夏国已灭，伐金就成了窝阔台的当务之急。在决定用成吉思汗的遗计后，攻打金朝就势如破竹。在 1234 年，金朝就在蒙古族铁骑下灭亡了。这时，蒙古把铁枪指向了南宋。

知识小述

成吉思汗被誉为"一代天骄"，他是一位杰出的政治家和军事家，他之所以能取得成功，正是他的东征西战，使得蒙古族崛起，占领了东亚大部分地区，甚至挥师西亚，他的蒙古铁骑书写了游牧民族光荣的一笔。这也使得一统中原后的中国疆域广阔到了历史的最高峰。

22 忽必烈挥师向南

1260年，忽必烈争得汗位，正式建国号为“元”。1264年，忽必烈定都北京，挥师南下灭掉南宋只是时间问题，而赵宋朝廷在元军的猛烈进攻下已经摇摇欲坠了。德祐二年(1276年)，刚刚即位一年半的宋恭帝派使者向元军求和，元军拒绝，在这种情况下，他只好俯首请降。四个月后，益王赵昰于福州即位，是为宋端宗。元军一路紧迫，当了半年皇帝的端宗逃到惠州，无路可走，又不得不向元军奉表请降。

景炎三年(1278年)，陆秀夫、张世杰等立八岁的卫王赵昺为帝，这也是南宋最后一个皇帝。

当时，中原几乎全都落入元军之手，宋帝僻居东南一隅，为保险起见，又移驻新会县南八十里海中的崖山。

为了给南宋朝廷最后一击，元世祖忽必烈便任命张弘范为蒙古汉军都元帅。张弘范没有马上答应，只是说：“国家没有汉人掌管蒙古军的制度。臣为汉人，只怕难以控制军队，请陛下派一位亲信的蒙古大臣与臣同往。”

世祖说：“你不记得你父亲与察罕的事情吗？他们攻陷安丰时，你父亲要派兵守卫，察罕却不同意，结果他们挥师南下，安丰又为宋人所占，弄得他们几乎进退失据。你父亲因此非常恼恨。究其原因，就是在于委任不专。现在，我怎么能再让你产生你父亲那样的悔恨呢？”于是，只派他一人统帅军队，并且要赐给他锦衣玉带。

张弘范推辞道：“臣奉命远征，要锦衣玉带没有什么用。如陛下肯赐宝剑、盔甲，臣就可以仰仗威灵，镇住不服从命令的人，从而完成陛下的使命。”世祖听了他的话，便拿出尚方宝剑赐给他，并且严肃地对他说：“这尚方剑，就是你的副帅。谁要是胆敢抗命不遵，你就用这把剑惩罚他！”张弘范获得了生杀予夺的大权，有了师出必胜的信心。他又举荐李恒为副将，率领两万水陆大军，从扬州分道南下，去征讨崖山。

蒙古和汉族的将士见世祖对张弘范如此信任，谁敢和他手中的尚方剑开玩笑？因此，人人都听凭调遣，个个服从指挥。

这一年的十一月，张弘范率军攻下广州，不久又在海丰俘获了宋丞相文天祥。元至元十六年（1279 年），张弘范又领兵浮海击败了崖山守将张世杰。陆秀夫见大势已去，便对宋帝说道："国事到了这步田地，陛下应当为国而死。"说完，背着宋帝跳进了大海，张世杰也绝望地投海自尽。自此，南宋宣告灭亡，蒙古族一统中原，并凭借窝阔台和成吉思汗其他儿子建立的各个汗国成为亚洲大陆疆域最为广阔的大帝国。

知识小述

忽必烈建立了元朝，统一中国，他所领导的中国和管辖的四大汗国缔造了中国疆域史上的一个传奇。从此，汉族不再是中国的主宰。但是，由于忽必烈有比较严重的民族主义倾向，他虽然笼络住了地主阶级，但是广大人民生活更加穷苦了，这为元朝今后的统治埋下了深深的隐患。

23 朱元璋布衣发迹

蒙古人统一中国后，将中国人定为四等：第一等是蒙古人，第二等是色目人，就是女真人、党项等各族人民，第三等是投降的汉族军民，第四等是原属南宋的人民。汉族人在元朝的统治下没有地位，经常受气。元惠宗年间涌现出一个草莽英雄来。朱元璋，字国瑞，祖籍沛地(今属江苏)，后来迁徙到句容(今属江苏)，再迁到泗州(今属安徽)，到父亲朱世珍时又迁往濠州钟离(今安徽凤阳)。

元惠宗至正四年(1344年)，安徽发生旱蝗灾害，民众大饥、病疫流行。当时太祖十七岁，八年后，定远(在今陕西乡南)人郭子兴与孙德崖一道在濠州(治今安徽凤阳东)起兵，元将彻里不花害怕而不敢进攻，只是每天俘杀老百姓邀功请赏。当时朱元璋二十五岁，在当年闰三月间到濠州拜见郭子兴，要求归入郭子兴麾下。

郭子兴看他身材魁伟，一表人才，便留他为亲兵，每次作战，都能勇猛取胜，于是将自己的养女马氏嫁给他为妻，这就是后来著名的马皇后。当时，郭子兴与孙德崖有矛盾，朱元璋多次从中调解。

至正十五年(1355年)正月，郭子兴听从朱元璋的建议，派张天祐等率军攻打和州(治今安徽和县)，令朱元璋总掌军务。这年三月，郭子兴死；其子郭天叙为都元帅，朱元璋与张天祐为副元帅。九月，郭天叙、张天祐攻集庆(治今南京)，元朝降将陈野先再次叛变，郭、张二帅战死，原来郭子兴部军士及将领全归朱元璋统领。

至正二十三年(1363年)四月，陈友谅率大兵进围洪都(治今南昌)。七月，朱元璋统兵救洪都。

陈友谅以全部巨舰出战，朱元璋水军船小，进攻不利，将士恐惧。朱元璋亲自督战。众人不进，朱元璋一连斩杀了十余个后退者，众军才拼死向前。到天晚，东北风大起，朱元璋派敢死队带七条船，海船装满火药芦苇。放火烧陈友谅战船。风高火猛，烈焰冲天，湖水映成一片红色，陈友谅军马大乱，朱元璋又率众将乘势攻杀，斩杀敌军二千余人，火烧水淹，死者不计其数，陈友谅士气大衰。

双方相持了三天后，陈友谅的左右二金吾将领投降，到八月，陈友谅军中粮尽，在逃跑中流矢而亡，至正二十四年（1365 年）正月，李善长等率领群臣劝朱元璋称帝，朱元璋不答应。他们坚持请求，于是朱元璋称吴王，开始置建百官。

元至正二十七年 (1362 年) 十月，朱元璋以徐达为征虏大将军，常遇春为副将军，率军二十五万，由淮河入黄河，北伐元蒙，攻取中原。任胡廷瑞为征南将军，何文辉为副将军，攻取福建。又派湖广行省平章杨璋、左丞周德兴、参政张彬攻取广西。不久，朱亮祖攻下温州。十一月，汤和攻下庆元 (治今浙江宁波)，方国珍逃到海上；徐达攻克沂州 (治今山东临沂)，斩杀敌将王宣。廖永忠为征南副将军，从海上与汤和会台，一起讨伐方国珍。不久，徐达攻下益都 (今属山东)，十二月，方国珍投降，浙东平定。张兴祖攻下东平 (今属山东)，兖州 (今属山东) 东面的州县相继归降。不几天，徐达又攻下济南，胡廷瑞攻下邵武 (今属福建)。李善长率领百官再劝朱元璋称帝。经三次上表，终于同意。朱元璋即皇帝位，改国号为“明”，以第二年 (1368 年) 为年号“洪武”定都应天 (今江苏省南京)。

朱元璋建国后，以“逆臣”的罪过诛杀了与他一起打天下的功臣，将大权牢牢控制在自己手中。他也成为历史上著名的血腥君主。洪武三十一年（1398）五月，朱元璋病情严重，死于西宫，终年七十一岁，死后，下葬在孝陵，追谥为高皇帝，庙号太租。

知识小述

在元朝统治末年，人们生活已经相当痛苦了，于是就发动了反抗地主压迫的农民斗争。朱元璋能够凭借一己之力取得战争的胜利，夺得天下确实是件很了不起的事情，这也同汉武帝、唐太宗等从父辈手中接过的江山有所不同。朱元璋能有远大的眼光和高深的见识，白手创建大明王朝，确实是一位出色的人物。

24 康熙帝千古帝王

明朝是一个宠信宦官的朝代。在几百年的统治过程中，宦官掌握着朝廷大权，尤其是明末大太监魏忠贤，他设立厂卫特务机构，几乎是一手葬送了大明王朝。后来，在努尔哈赤的崛起中建立的后金国大举进兵，一下子就拿下了南明小朝廷。但是，率兵入关的皇帝顺治因为去世得早，就把刚打下来的偌大江山压在了他儿子——康熙身上。康熙皇帝，名玄烨，是世祖顺治皇帝的第三个儿子，他的母亲是孝康章皇后佟佳氏。

世祖去世后，玄烨继位，改元康熙，当时他才八岁。顺治临终前颁发遗诏，要索尼、苏克萨哈、遏必隆、鳌拜四位大臣辅佐朝政。鳌拜自以为是大功臣，十分骄傲，他对朝政独断专行，丝毫不把小皇帝放在眼里。

康熙六年 (1667 年) 七月，康熙皇帝开始亲理朝政，他早就知道鳌拜专权乱政，只是怕他党羽耳目太多，难以一下子制服，于是挑选了一批侍卫人员和强健有力的青少年进宫训练摔跤。

一天，鳌拜进宫见康熙，康熙立即下令侍卫和少年们将他击倒捆绑起来。下诏说：“鳌拜愚昧无知，违制犯上，本应诛灭九族。只因考虑到他为朝廷长期效力，多次立有战功，特别宽大处理，免其死罪，抄灭家产，长年拘禁。”鳌拜的弟弟穆里玛、塞本得，侄子讷英，党羽大学士班布尔善、尚书阿思哈、噶褚哈、济世，侍郎泰壁图，学士吴格塞等全被处死，其余的同党全部罢免官职。他的弟弟巴哈宿卫京师，为人淳厚谨慎，卓布泰有军功，都不予追究，嗣了敬谨亲王兰布降为镇国公。另外康熙还革除了遏必隆的太师、一等公封号。

康熙十二年 (1673 年) 十二月，任命姚文然为左都御史。这一年，平西王吴三桂起兵反清，杀死云南巡抚朱国治。康熙得知后就任命顺承郡王勒乐锦为宁南靖寇大将军，讨伐吴三桂。吴三桂之子额驸吴应熊被逮捕下狱。

康熙十七年 (1678 年) 七月，吴三桂在衡州 (今湖南衡阳) 称帝，一个月后因病而死，其子吴世藩继位。

康熙二十年 (1681 年) 十一月，康熙下诏，凡是跟随吴三桂造反的人，除与清军明显作对之人除外，其余全部都只削去官职释放回家，不再问罪，并任命诺迈为汉军都统。过了两天，捷报传来，定远平寇大将军贝子彰泰、平南大将军都统赖塔、勇略将军总督赵良栋、绥远将军总督蔡毓荣等率领大军攻入云南城。吴世藩兵败自杀，被割首示众，吴三桂分尸以示中外，伪朝宰相方光琛被杀，其余残部投降，云南平定。

康熙二十九年 (1690 年)，准噶尔部噶尔丹叛乱，康熙御驾亲征。

康熙三十五年 (1696 年)，再次亲征噶尔丹。八月九日，康熙回到北京。此次战役，中路由康熙自己率领，逼迫噶尔丹逃走，西路军由费扬古率领，打败噶尔丹，只有东路萨布素因道路较远，军队到达太晚没能立功。喀尔喀郡王善巴因借给大军战马有功，晋封为亲王，贝子盆楚克侦察敌情有功，封为郡王。各位大臣向康熙行礼庆贺。

第二年二月，康熙第三次亲征噶尔丹。六日起驾出发，当天到达昌平 (今属北京)。阿必达上奏：哈密俘获的厄鲁特人土克齐哈什哈，就是杀死朝廷使臣马迪的首犯。康熙下令将他处死，并将他的子女交给马迪家做奴隶。大军先后经过大同、李家沟等地。康熙下诏，大军所经过的岢岚、保德、河曲 (今属山西) 等州县可以免征当年赋税。五月康熙返回京城。

康熙皇帝一生忧国忧民，把父亲留给自己的江山治理得有模有样，奏响了“康乾盛世”的前奏。六十一年（ 1722 年 ）十一月，康熙皇帝去世，终年六十九岁，被后人尊为“清圣祖”。

知识小述

满族人建立的清朝是个令中国人民感到骄傲和自豪的皇朝。大清朝也是历史上一个没有出现昏匮无能，整日沉溺酒色的腐败皇帝的皇朝。这里面不能不说是包含着祖先们的丰功伟绩所起到的示范作用。康熙皇帝是最值得称道的传奇帝王，他对中国的贡献名垂青史，更是受到千百年来人民的尊重和敬仰。正是因为他的雄才大略，平定叛乱和外敌入侵，才给了中国一个向世界展现强大的机会，这令中国人都引以为荣。

二历史上忠奸相对的故事

第二章

历史上忠奸相对的故事

历史上，祸国殃民，陷害忠良的总是奸臣。在乱世中，君主们“亲小人，远贤良”，葬送掉了大好河山。但是，忠臣良将们并没有因为奸佞的权势熏天就违背了自己忠于国家，忠于人民的理想，他们勇敢地同奸臣们斗争，不屈不挠，前赴后继，不仅展现出自己的英雄气魄和爱国奉公的高风亮节，更谱写了一曲曲忠奸相对，催人泪下的正义之歌。

人心的评价是公正的，浩瀚长空，正气永存，不管跨越过几个千年，人们都不会将英雄遗忘。而在另一边的耻辱柱上，奸佞小人得到的只有唾骂和摒弃。

1 朱胜非“叛乱”挽狂澜

南宋高宗时，朝廷已经出现了严重的危机：不仅北方金国连年入侵，掠夺大量的土地和金银财宝，而且朝廷内部也是奸臣当道，每天不是怂恿皇帝吃喝玩乐不理朝政就是想推翻皇帝自己坐上金銮殿。就在这一年，有人终于按捺不住自己的野心，着手准备政变了，这次带头的是南宋将领苗傅、刘正彦。因为事前已经经过严密地准备，而连年的战争也使兵权落入大将手中，所以苗傅和刘正彦发动自己的军队进行一场叛乱并不是件难事。他们带领着人马很快地冲进官员家里把他们抓住，然后押着百官直逼皇城，来到皇宫前逼高宗退位。

百官中的忠勇之士准备和叛军死拼，大臣朱胜非就劝他们说：“叛军人多势众，你们几个人如果反抗，那么只能白白送命，对皇上也十分不利。现在保护皇上要紧，我们还是见机行事吧。”

那些准备出去和叛军拼命地大臣说：“苍天啊，你怎么能让我朝一下子出现这么多乱臣贼子呢？为什么事情到了紧要关头才能分辨出一个人的忠奸啊？这样我们的朝廷还能有什么指望呢？”说完，有人轻轻抽泣起来。朱胜非皱了皱眉头，对他们说：“各位同僚，你们以为我是和乱臣贼子一样的无耻之徒吗？你们错了！请听我说，现在大事当前，如果不能够审时度势，根据情况制订出一个好计划的话，那么就会干傻事错事，不但暴露了自己，让自己白白牺牲，而且如果你们贸然反抗，叛军一定大开杀戒，到那个时候，我们谁都活不了，那么，剩下的事情谁去做呢？谁来剿灭匪徒，还有谁保护皇上呢？”

朱胜非的一席话说得众人茅塞顿开，大家终于明白了朱胜非的意思。然后就不再责怪他而是让他出去向叛军“投降”了。

朱胜非来到苗傅、刘正彦面前，“扑通”一声跪倒在地，请求两位将军饶他不死，他表面上对叛军十分顺从，绝没有顶撞的话。苗傅、刘正彦见他是百官中最老实的，有些信任他了，觉得他也是贪生怕死。

这时候宋高宗走出来了，他站在宫楼上安抚叛军，叛军不听，坚持让他退位。高宗不肯让步，双方僵持不下，形势十分危急。

朱胜非担心叛军会攻打皇宫，危及皇上，便自告奋勇向叛军提出要面见皇上，说服他退位。苗傅、刘正彦见他为叛军说话，于是就让他作为叛军代表去和高宗谈判。

朱胜非见了高宗，说：“事情现在已经到了这个地步，皇上就不能像凡夫俗子那样以死相拼了。现在忠于皇上的军队还远在外地，叛军的势力又不可抵挡，如果皇上能答应他们的要求，暂时退位，这样既可保证皇上的安全，又可麻痹叛军，等待朝廷军队反攻。”

宋高宗想了一想，然后很快答应了朱胜非的请求，他说：“没有你的提醒，宋室就不存了。你的看法不是一般人所能具有的，你的机智也胜过常人，而且对朝廷忠心耿耿，我以后要重用你啊。”

宋高宗于是宣布退位，叛军便不再难为高宗了。一个月之后朝廷大军平息了叛乱，苗傅、刘正彦被杀，高宗复位。

知识小述

在危机之下，奸臣的狐狸尾巴很快就会露出来。南宋朝廷本来就内忧外患严重，出几个奸臣并不是什么稀罕事。难得的是，朱胜非能够临危不乱，用假投降的机会跑去给高宗出谋献策。这就不仅仅是一片忠心了，还有过人的智慧和超群的勇气。如果在紧急情况下有力挽狂澜的能力，那么这个人一定是栋梁之材。

2 颜真卿誓死不叛唐

唐朝自安史之乱后，一直不怎么太平，在唐德宗时期，李希烈开始拥兵自重，不安分起来。他先是占领了汝州，然后又攻打其他的城池，德宗知道自己军队战败后十分惊讶，于是就向卢杞询问计策，宰相卢杞是个不学无术，专门陷害忠良的奸臣，他一听皇上向他讨计策，心里马上发觉到这是一个翦除反对自己的人的好机会，于是他回答说："李希烈是一员年轻骁勇的将领，仗恃着立了军功，骄横简慢，将佐无人敢于规劝和阻止他。假如能够选出一位温文尔雅的朝廷重臣，奉旨前去宣示圣上的恩泽，向李希烈讲清逆为祸、顺为福的道理，李希烈一定能够革心洗面，幡然悔过，可以不用兴师动众而使他归服。颜真卿是玄宗、肃宗、代宗三朝老臣，为人忠厚耿直，刚正果决，名声为海内所推重，人人都信服他，正是出使的最好人选！"德宗认为有理，命令颜真卿到许州安抚李希烈，诏书颁下，举朝大惊失色。

颜真卿乘驿车来到东都洛阳，郑叔则说："若是前往，老太师一定不能幸免于难。卢杞这是把您往火坑里推啊！依我看最好是稍作逗留，等待以后发来的命令。”颜真卿说:“这是皇上的命令啊，我能躲避到哪里去呢!”于是出发了。李勉上表说:“丧失一位元老，乃是朝廷的羞辱，请将颜真卿留下来吧。”李勉又让人拦截颜真卿，但没有赶上他。颜真卿给他儿子去信，只命他“供奉家庙，抚育孤子”罢了。来到许州，颜真卿准备宣布诏旨，李希烈让他的养子千余人环绕着他谩骂，还拔出刀剑向他比画着，作出要将他细割吞食的架势。颜真卿脚不移动，脸不变色。李希烈急忙用身体遮挡他，挥手命令众人退下，将颜真卿安置在馆舍，礼貌地对待他。

在颜真卿出使李希烈之时，朱滔、王武俊、田悦、李纳各自派遣使者到李希烈处，上表称臣，劝他称帝。使者们在李希烈面前行跪拜礼，劝李希烈说:“朝廷杀害有功之臣，对天下言而无信。都统英明威武，得自天授，功业压倒当世，已经遭到朝廷的嫌猜疑忌，将有如韩信、白起被害的大祸。希望都统早称皇帝尊号，使全国的臣民知道有所归依。”李希烈听后非常得意。他派人叫来颜真卿，让他看四镇派来的使者，并说:“现在冀、魏、赵、齐四王派遣使者推戴我，不谋而合，太师看看这事态时势，难道我仅仅被朝廷猜忌而无地自容吗?不是的，而是我已经受到天下人的爱戴，可以接替李唐王室了!”颜真卿说:“这四人乃是四凶，怎么叫四王?你不肯自保所建树的功劳业绩，做唐朝的忠臣，反而与乱臣贼子相互追随，是要和他们一齐覆灭吗?”李希烈心中不快，将颜真卿扶了出去。另一天，颜真卿又与四镇的使者一起参加宴会，四镇的使者说:“早就听说太师崇高威望，现在都统就要称帝号，而太师恰好到来，这是上天把宰相赐给都统啊。当今皇上听信谗言，陷害像您这样的忠臣贤良，信任卢杞那个小人，真是亡国之君啊!”颜真卿大声呵斥四镇使者说:“说什么宰相!你们知道有个痛骂安禄山而死的颜杲卿吗?他便是我的哥哥。我已经八十岁了，只知道恪守臣节而死，难道受你们的引诱胁迫吗?”四镇使者不敢再说话了。于是李希烈让甲士十人在馆舍中看守颜真卿，在庭院中挖了一个坑穴，说是准备活埋他。颜真卿神色安然，见李希烈说："既然我的生死已经决定，何必玩弄花样！赶快一剑砍死我，岂不使你心中更痛快些吗？"于是李希烈向他道歉。后来李希烈又多次地引诱颜真卿，想让他背叛德宗，为自己服务，可是颜真卿宁死不从。终于有一天，李希烈把刚正的颜真卿害死了。

知识小述

在险恶的环境中，是最能验证一个人是不是忠臣良将，是不是刚直勇猛的。正直的人不为钱财，不为虚荣，只求为国家尽忠，无愧于心。颜真卿大义凛然地斥责叛国的敌人，置个人荣辱安危于度外，千载而下，受到了无数血性青年称颂和赞扬。颜真卿不仅是书法大家，更是国家的忠臣义士。他的书品如同人品一样，有筋有骨，坚韧不拔。

3 虞诩入狱弹劾宦官

东汉时期，有个叫虞诩的司隶校尉，他性格刚直，为官清廉，而且敢于和朝廷中的奸臣作斗争，在他上任才几个月的时候，就上奏弹劾了太傅冯石和太尉刘熹，免去了他们的官职。后来又上奏弹劾中常侍程璜、陈秉、孟生、李闰等人。朝廷里的官都很不满，指责他苛刻多管闲事。

中常侍张防在当时权势很大，气焰冲天。他为人有个毛病，就是贪图钱财，于是他就经常地利用权力，收受贿赂。虞诩多次弹劾他，都被和张防关系好的大臣们就偷偷地把奏章搁置而不得上报。虞诩知道后非常生气，就把自己关到廷尉的监狱里，上奏顺帝，说："以前安帝任用樊丰，废黜皇室正统，几乎毁灭社稷。现在张防又玩弄权术，亡国的灾祸，就要降临。我不能容忍和张防一同在朝廷里，谨将自己关押，让陛下知道，以免像太尉杨震那样，因谗言而死！”奏章递上去以后，张防在顺帝面前流泪哭诉，说自己是无辜的，结果虞诩获罪，遣送到左校罚作苦役。这时候浮阳侯孙程来替虞诩求情。

孙程说：“陛下当初与我们起事的时候，常常痛恨奸臣，知道他们会破坏朝纲。现在您自己做皇帝了，却还像别人那样宠信奸臣，真是太让人失望了。司隶校尉虞诩为陛下尽忠，却被囚禁起来。中常侍张防贪赃枉法，罪证确凿，反而留下来陷害忠臣。要想让大臣们平息怨愤，就应该立刻逮捕张防，关进监狱。”

张防当时正站在顺帝背后，孙程一眼瞅见他，厉声喝道说：“奸臣张防，为什么不下殿！”张防吓坏了，只好急急忙忙退入东厢房。

孙程又说：“陛下，请立刻下令逮捕张防，不要再放过这个奸臣了。”

顺帝还是想袒护张防，这时候虞诩的儿子虞岂页和门生一百多人，举着旗帜，等候中常侍高梵的车子，叩头叩到流血，申诉虞诩冤枉。高梵入宫报告了顺帝。

最后顺帝终天明白过来了，就下令将张防定罪，流放边疆。尚书贾朗等六人，有的被处死，有的被免去官职。当天就把虞诩释放。

孙程又上书陈述虞诩的功绩，言辞直率激烈。顺帝明白过来，任命虞诩为议郎。几天后，升为尚书仆射。

知识小述

虞诩即使身死，也要弹劾专权残暴的宦官，这种英勇无畏的抗争精神是多么令人感动啊！如果没有忠臣义士的正义行为，没有人敢为老百姓说话，那么这个王朝一定会很快被推翻的。

4 夏言刚直受利用

明朝嘉靖帝在位时，夏言是朝中的首辅大臣，为百官之首，很有权势。

夏言很有本事，学问又高，为人很刚直，所以显得特别自负。他瞧不起一同为官的很多人，总斥责他们见识肤浅，还自鸣得意，不好好学习，尤其看不起没有学问靠算命功夫蒙骗皇帝的新宠严嵩。

对于嘉靖帝，夏言总像个老师对待学生那样毫不客气，很多时候他当面纠正嘉靖帝的错误，还劝他要多读书，搞得皇帝觉得自己很没面子。

有人劝夏言说："为人做官，重要的是得体，而不是一味讲究对与错。你现在只要认为自己是对的，就不留情面地批评他人，坚持到底，是不是太武断了呢？"

夏言不接受别人的意见，他说："我的智慧远远超过别人，我今天认定的事绝不会错的。如果说有人接受不了，那是他们不愿学习，没有心胸，他们自己应该改正啊。"

官位在夏言之下的大臣严嵩，早就憋着一股子劲儿时刻想扳倒夏言，取代他的位子，只是苦于没有机会，因为夏言除了为人骄傲一点为官倒没什么劣迹，也没什么把柄落在自己手里。他实在太恨夏言了，因为朝中只要有他，自己就别想升职，只有让夏言丢了官，才会有自己的好日子过。所以，他和儿子严世蕃天天策划、寻找夏言的破绽，以便在嘉靖帝面前中伤他。

一日，迷信道教的嘉靖帝制作了一批道士似的服装，他命令大臣们都要穿这种衣服上朝。夏言领到道士服后认为嘉靖帝真是荒唐透顶，他私下对群臣说："皇上此举，有伤国体，我们做臣子的应该劝谏皇上，不能盲目服从啊。"

严嵩听完心生一计，他笑嘻嘻地当面附和说："老相爷说得对极了，朝廷大臣怎能穿得像个道士呢？只要你带头进谏，我第一个跟从。"

严嵩回到家中，他对严世蕃说："夏言明日一定严词劝谏，而我可利用这个机会迎合皇上。这次夏言可是中了我的圈套了，你想想，皇上愤怒之下，还会信任他吗？”

第二天，严嵩和群臣都穿着道士似的服装上朝，只有夏言一个人没穿。嘉靖帝一看夏言就有些生气，而夏言这时偏开口说：“朝廷的礼制不能不遵守，皇上也不该让大臣穿道士似的衣服。我认为自己有责任纠正皇上的失误，还请皇上收回成命。”

嘉靖帝听完后恼羞成怒，他厉声说：“你这个人什么都认为自己正确，难道谁也不如你了！你这样目中无人，连我都不放在眼里，这可不是一个臣子应该做的啊！”

嘉靖帝言语中隐含杀机，夏言仍是不肯让步，他据理力争，侃侃而谈，嘉靖帝感到理亏，在大殿之上无奈废除了这项规定。

严嵩事后对嘉靖帝说：“夏言当着文武百官的面顶撞皇上，这是大不敬的罪啊，他一点面子都不给皇上留，您就不该信任他了。夏言连皇上都不放在眼里，他又能听从谁的意见呢？这样下去，他一定会专权擅权，败坏朝纲。”

嘉靖从此疏远了夏言，开始重用严嵩。后来，在严嵩一连几次的挑拨诬陷下，夏言被定罪，处以极刑。就这样，一代名相死于奸臣之手。

知识小述

夏言是很有学问的首辅大臣，但是他太刚直，为了坚持自己认为正确的事不惜跟皇帝据理力争。夏言也是个轻信人言，头脑简单的人，他不能觉察严嵩的险恶用心，一而再，再而三地中了他的圈套，最后遭到迫害。在坚持真理的时候，硬要人家信服，言辞激烈是起不到有效作用的。也许别人会为你一时折服，但是肯定心里会不服气，这时再有个小人在旁边挑拨，就容易引起不必要的麻烦。所以，坚持正确事情一定要讲究策略，让别人心服口服。

5 阮大铖投靠魏忠贤

明朝天启年间，阮大铖在京师为官，和素有君子美名的左光斗交往密切。阮大铖借左光斗的美名宣扬自己，但同时左光斗也钦佩阮大铖是个才华横溢的文学家，两人在一起时总是十分愉快的。

这时候大宦官魏忠贤上台了。他为了扩大自己的势力，开始分化朝中的正义力量，他派人去游说阮大铖，说："一个人如果站错了立场，认不清形势，他就没有什么前途了。现在魏公公权倾朝野，你不去投靠他，而和魏公公的死敌左光斗搅在一起，不是很愚蠢的吗？只要你及早改正，魏公公一定会提拔你的官职，让你有一辈子享用不尽的荣华富贵。"

阮大铖这时还不失君子之名，他说："君子不能和小人交往，否则就坏了君子的气节。我和左光斗志同道合，虽没有高官厚禄，但我过得十分快乐。请你转告魏公公，我决不当卖友求荣之徒。"

后来，吏部有个职位空缺，按照升迁的次序，阮大铖应该得到那个位置。可是最后他没有坐上，原因就是魏忠贤从中做了手脚，不听自己话的人，怎么能让他升官呢？

当时，朝中有荐举权的是赵南军等人，他们和左光斗关系很好，阮大铖相信他们一定会举荐自己，于是只等着走马上任了。出乎阮大铖的意料，赵南军并不喜欢阮大铖，他认为阮大铖只是徒有虚名，不过是个沽名钓誉之徒。真正的品格还是很低劣的。他打算推荐魏大中，于是就把阮大铖另行安置到工部。阮大铖探知内情，感到十分委屈。他对左光斗发了一通牢骚，求他出面为自己说话。

左光斗为人谨慎，他对阮大铖说："朝廷有朝廷的法度，我想赵南军这样安排，自有他的道理，我为你说话也是无用啊。我们在朝为官，都是为朝廷办事，到哪里任职都是一样的，官做大小有什么关系呢，只要恪守本分，脚踏实地，世人就会夸奖你的，你就不要计较了。”

听完这一席话后，阮大铖不但不明白左光斗这是好意劝解，希望他不要为了这一官半职与同僚争斗，做出有损名节的事来，他反而认为左光斗无情无义，心中更加愤怒了，他对自己的家人说：“我的要求并不过分，可是左光斗也不肯帮我，他还是我的朋友吗？赵南军以君子自居，竟也办事徇私，我是看透他们了。从此后我们大路朝天，各走一边！”

他恼恨不已，连续几天都情绪低落。最后，他决定投靠魏忠贤。因为阮大铖想，也许只有魏忠贤才能够给他高官给他厚禄，让他有当世享用不尽的东西。

在魏忠贤的帮助下，阮大铖进入了吏部。从此，他依附魏忠贤这个大奸臣，成了他的死党，干了许多坏事，残酷地迫害左光斗等忠义正直人士，后来终因助纣为虐，留下千古骂名。

知识小述

阮大铖由正人君子向奸佞小人的转变只在一念之间。可见人们的选择是多么重要。它可以让人流芳千古或是遗臭万年。在做事情时，如果不能坚持正确的立场，左右摇晃就会很容易被引诱到邪恶的一边去，如果只考虑利益，不顾及名誉和操守的话，也会误入歧途，变成被人们耻笑唾骂的坏人。因此，无论何时，都要坚守心中正确和正义的信念，坚决与邪恶斗争，不能有所动摇和放弃，更不能投降。

6 夏完淳怒斥洪承畴

清兵入关后，在顺治二年闰六月，嘉定进士黄淳耀和江阴典史陈明遇、阎应元为抵抗清朝“留头不留发，留发不留头”的命令，与嘉定和江阴全城百姓抗击李成栋清军入城。后终因弹尽粮绝，被清兵攻破，嘉定城被血腥屠杀了三天。嘉定被屠消息传到松江（今上海松江）华亭，当地很有些名望的读书人夏允彝特地写了篇祭文。夏允彝曾与一批爱国的知识分子组织过几社，跟南京的复社一样，继承东林党人关心国事的精神，反对阉党余孽。南明弘光政权灭亡后，他与陈子龙一道，参加抗清斗争。

夏允彝的儿子夏完淳，是个天资聪慧的孩子，在他父亲与老师陈子龙的指导下，五岁就能讲述《论语》，九岁时就写过一部诗集《代乳集》，是当地有名的神童。清军占领苏州和杭州后，企图拉拢夏允彝出去做官好让天下的知识分子都投降清政府，但是夏允彝早就觉察到清廷的险恶用心，所以严词拒绝。父亲的反清精神和坚贞气节，深深地影响了夏完淳。

清军的暴行，激怒了江南的人民，夏允彝要继续抗清，组织义兵攻打被清军占领的松江城，夏完淳跟着义军出征，当时他十五岁，结婚才几天，就告别了新婚的妻子，上了战场。

攻打苏州的战斗，起先还顺利，义军打进了城。但是吴淞总兵吴志葵的援军迟迟不到贻误了战机，结果被城里反扑的清军战败。吴志葵一看到清兵反扑了就吓破了胆，马上率兵撤退了。夏允彝见山河破碎，而自己一个读书人，无力回天，悲愤异常，又不愿落入清军魔掌，决定自杀殉国。他给儿子留下一份遗嘱，嘱咐他继承遗志，坚持抗清，永远不要做清朝的官，就投河自杀了。

父亲的牺牲使夏完淳无限悲痛，也更激发了他抗清的斗志。他和老师陈子龙听说太湖一带活跃着一支抗清义军，是吴日升领导的，就去参加了义军，并变卖自家的全部财产，献给义军作军饷，一年后，陈子龙打了一次败仗，被清军抓住，也壮烈牺牲了。几天后，清军突然闯进夏家，把夏完淳抓去，押解到南京。

审讯夏完淳的是洪承畴，这个在松山战役失败后，投降了清朝的原明朝大官，虽然听说夏完淳是名闻江南的神童，但欺负他年幼，以为容易对付，就说："你年纪小小，懂得什么，哪能领兵造反呢？一定是上了奸人的当。只要你回心转意，归顺大清朝，本督一定能保你做大官。"

夏完淳装着不知道上面坐的是什么人，大声回答："我听说从前有个总督洪亨九（洪承畴的字），是本朝的大忠臣。带兵在松山与清寇大战，身先士卒，兵败后以身殉国。我仰慕这样忠烈的人。我年纪虽然小，却懂得忠奸，我要像那个亨九先生一样，杀身报国，决不投降去做敌人的官。"

洪承畴竟想不到小小的孩子说出这样一番话来，他当时投降清廷的事情听起来就像千万支乱箭射穿他的心。当着众多下属，他的脸红一阵白一阵的。押解夏完淳的卫兵，轻轻地对他说："快不要胡说，堂上坐的正是洪承畴洪大人！"

夏完淳冷笑道："哼！洪大人早就为大明朝捐躯，天下谁人不知，谁人不晓？哪里来的叛徒，胆敢冒充先烈的英名，玷污洪先生的忠魂。"

夏完淳一连声痛快淋漓地斥骂，将堂上坐着的洪承畴，骂得呆如木鸡，一头大汗，回答不出一个字。旁边的清军士兵，也都抿着嘴暗笑。好一阵，洪承畴才缓过神，气急败坏地一拍惊堂木，大叫："快拉下去！快拉下去！"

夏完淳英勇就义了，那是在公元1647年农历九月，才十七岁。但少年英雄痛斥洪承畴的故事，永远流传在百姓心中。

夏完淳和他的父亲夏允彝的遗体，被合葬在松江城的西边，至今供人们瞻仰凭吊。

知识小述

做人，当然要有民族气节，要有面对敌人威武不屈，视死如归的精神。如果一个人不热爱自己的民族和国家，就是一个国家的叛徒，是为人民大众所不齿的。因此，想要有尊严地生活在这个世界上，就必须有“气节”、“气性”，有一颗热爱祖国、报效祖国的拳拳赤子之心。背叛民族的小人、奸臣一定会受到历史和人民的批判的。

第三章

历史上将帅打仗的故事

我国古代史，可以用战争来串联起来。每一次的战争都破坏文明，然而在废墟之上，建立起的是更加富饶的城市，出现的是更加璀璨的科技。

在古代战争中，出现了许多可以被称作是“战神”的杰出将领和扣人心弦的故事，将原本残酷的战争点缀得精彩纷呈，智慧之光处处闪现。现在，让我们一起走进历史，去翻阅那紧张又魅力无穷的战争故事吧！

1 楚霸王破釜沉舟

秦二世三年（公元前 207 年）十二月，章邯在定陶击毙项梁后，认为楚地不用担心了，便渡过黄河向北攻打原赵国旧地。

赵军危在旦夕，便派人向楚求援。楚怀王以宋义为上将军，项羽为次将，范增为末将，率兵北上救赵，以牵制集中在河北的秦军主力。与此同时，又派刘邦率军挺进关中，直逼秦朝统治的心腹之地。楚怀王还与诸将约定，先入关中者为王。

项羽主张火速前进，配合赵军内外夹攻，必能击破秦军。宋义却认为不如坐山观虎斗，让秦赵先决战，秦胜则乘其疲惫攻秦兵，赵胜则乘虚西进占关中。他严令军中不听指挥的一律斩首。项羽认为秦军强大，赵国新立，坐视不救，赵国必破，赵国覆灭，秦军气势更盛，有什么疲惫的机会可乘？一天早上项羽去朝见宋义，在营帐内砍下宋义的头并号令军中说：“宋义勾结齐国共谋反楚，怀王密令我将他处死。”诸将慑服不敢抗拒，于是共推项羽代理上将军。项羽派人报告楚怀王，怀王顺水推舟，任命项羽为上将军，统领楚军救赵。

项羽接过指挥权，亲率全军奋进，渡过漳河之后，他下令打破釜甑、凿沉渡船、烧掉营房，只携带三天的干粮，表示勇往直前拼命杀敌誓不回头的决心。到达巨鹿后，就把王离包围起来，切断其粮道，九战九胜，大破秦军，生俘王离，其余秦将有的被击毙，有的被迫自杀。

诸侯援军结成十几处营垒驻扎在巨鹿城边，不敢出战。当项羽亲率楚军纵击秦军时，他们都躲在营垒上观战。见项羽军以一当十，喊杀声震天动地，看得心惊胆战。打败了秦军，项羽召见时，他们进入辕门，个个跪下以膝当脚，不敢抬头观望。这便是历史上有名的“破釜沉舟”。项羽巨鹿一战名扬四海。秦朝也由于这致命一击，消耗掉了大量元气，马上就要亡国了。

知识小述

项羽的破釜沉舟是决定秦王朝命运的关键战役，通过这场战争，既打出了项羽的个人威信，又使秦朝军队元气大伤，主力被一举歼灭。正因如此，刘邦才能早一步攻破咸阳，彻底推翻暴秦的统治。这是整个秦末农民大起义上起决定作用的关键。项羽激励士气，置之死地而后生虽然是冒险做法，但却起到了很好的效果，与韩信背水列阵有异曲同工之妙。所以，我们在处理问题时也要对待情况随机应变，才能取得成功。

2 火烧赤壁，天下三分

汉献帝建安十三年（公元 208 年）八月，割据荆州的刘表病死，儿子刘琮举荆州之众投降曹操。

这时的曹操已被胜利冲昏了头脑，他以为天下诸侯一听见他的名号就会吓得屁滚尿流，马上乖乖地把城池献出来，于是就纠集了对外宣称八十万的大军，临江陈兵，虎视江东，觊觎巴蜀，大有吞并孙权刘备、一统天下之势。

面对威猛骁勇的曹军，孙权刘备各自的营帐之中，是战是降，已成了部将们纷纷议论的话题。

鲁肃对此自有自己的主张。

他主动请求出使荆州，去接触各方面人士，促成孙刘联合，一致对付曹操。他说："双方联合，可望平定天下！"

孙权采纳了这个建议。

在鲁肃的游说下，不知何去何从的刘备下定了决心，要与孙权联合共御曹操。

刘备根据鲁肃建议，进驻樊口。而这时曹军大搞水上作战训练，积极备战，准备从江陵出征，顺江而下。

樊口将要成为曹操大军必经之地。诸葛亮对刘备说："形势十分危急，请允许我前往江东，向孙将军求援。"

诸葛亮在柴桑拜见了孙权。陈述利弊后孙权由举棋不定也终于斩钉截铁地要抵抗曹操了。

正巧，曹操发给孙权的一封书信送到了。

曹操信中说："近来，我奉天子之命，讨伐叛逆之徒，大军南下，刘琮投降。现在，我训练了 80 万水兵，正想跟孙将军在吴地合兵一处打打猎。"

曹操的这番辞令，既是对孙权的不屑一顾，也是在骄横跋扈地扬武示威。

长史张昭等文官早已吓破了胆，七嘴八舌地说："曹公，像是豺狼猛虎，挟持着当今圣上征讨八方，动不动就说这是朝廷的旨意；现在我们抵御他，事情岂不更为有失道义！况且，将军您可以用来抗拒的主要凭借，就是长江。而今曹操占据了荆州，全部拥有了那里的江山，被俘的刘表水军，数以千计的蒙冲斗舰，曹操全都沿江陈列，更有无数的步兵，水陆两军顺江而下。这样，长江天堑险阻已与我们共同享有了。长江对我方而言已不复为天赐之险隘，而双方力量悬殊又不可同日而语。愚以为，为今之计还是迎接曹公，归顺朝廷为好。"

孙权计有未决，起身向厕所走去。鲁肃追到走廊檐下。

孙权明白鲁肃的心意，握着鲁肃的手说："您想说什么？"

"刚才，我看众人的议论，是要贻误将军的，跟他们商议国家大事，不值得！"鲁肃推心置腹地说，"我鲁肃可以投降，像将军您是不行的。我投降，曹操会把我送回乡里还少不了干个州郡的小官吏，坐着牛车，带着吏卒，跟士大夫们交游，资历够了说不定还能升迁，做个州郡的地方长官。将军您投降曹操，结果是什么呢？"这番话使孙权恍然大悟，他对鲁肃说："这些人，太让孤失望了！您阐明大义，正是我的心声。"

鲁肃又劝谏孙权，召来了身在鄱阳的周瑜。

果然周瑜也不同意降曹。他分析战争前景说，北方割据势力尚未清除净尽，马超、韩遂是曹操的后患；步卒骑兵放弃陆战鞍马，要摇橹划桨跟南方水兵争雄；时当隆冬，曹军远来，粮草匮乏；还有士兵不习水土，肯定会疾病流行。犯了这么多兵家大忌，曹操居然敢贸然举兵！活捉曹操，指日可待！

当晚，周瑜同孙权研究对曹作战部署至深夜。孙权告诉周瑜，五万人马很难一下子集结好，现在已选出三万，船只粮草武器都已置办齐全。

临别，孙权语重心长地叮嘱周瑜道："你与子敬（鲁肃字）、程公（程普）先出发，孤当继续集结发送人马，多多运送粮草军需，做好后援。前方战事，你全权处理；万一战事失利，也请毫不犹豫地撤回到我这里来。"

周瑜、程普作为正副统帅担任左右都督，鲁肃担任赞军校尉协助策划方略，东吴部队正式与刘备联手迎击曹军。

孙刘联军逆江而上，跟曹军在赤壁相逢。

这时，曹操军中已经发生疫情。刚一交战，曹军失利，急忙退驻长江北岸拒守。

周瑜等屯兵南岸。两军隔江相望。

周瑜部将黄盖，这位须发染霜的老将在注视着北岸曹营。忽然，他看到敌军正用铁索把战船连在一起，首尾相接，左右并列。他心头一喜，计上心来。

黄盖立即返回营帐，报告周瑜："如今敌众我寡，不能硬碰硬地长久相持。敌军正串连舰船，可以用火攻战术，烧退曹军。"

周瑜连声称妙，第二天，周瑜说黄老将军犯了军规，把他打得皮开肉绽，所有人都为他报屈。只有一个小校明白这不过是苦肉计。于是冒死到曹军中送交了黄盖的投降书。

这个时候，周瑜已秘密地把10艘战船装上干燥的芦荻和枯树枝，浇灌上鱼油，外面用帷幕包裹得严严实实，上边插上旗帜，船尾还系上了快艇。

曹操千虑一失，没有识破这个诈降计，许诺接受黄盖来降。

这时，东南风一阵紧似一阵。黄盖把10艘战船一字横列，等船只到了江心，船帆升起，后面尾随着满载精兵的战舰也扬帆北进。

老将黄盖率众来降，曹军上到将军下到士卒无不又惊又喜，人人都伸长脖子，瞪大眼睛，要瞧个热闹，看个稀罕。

战船直向北岸飞驶。离曹军约莫二里行程时，黄盖一声令下，10只战船同时点火。干柴烈火，火上浇油，火借风势，风助火威，10艘战船简直是10条火龙一般飞驶入曹军船阵。

霎时间，北半边长江一片火海，接着，岸上营寨和山峦林木也都劈劈啪啪熊熊燃烧起来。

烈火冲天，浓烟蔽日。曹军人马有的溺水而亡，有的葬身火海，江面上浮尸满目，营内外尸横遍野。

曹操几十万大军顷刻土崩瓦解。

周瑜率领精锐轻装部队，大张旗鼓，紧追不舍。

曹操引领着败将残卒取华容道陆路撤退。道路泥泞，车马难以通过。这时，天又狂风大作，将领们驱赶老弱病残的兵卒们背来柴草铺垫道路，仓皇北逃的人马抢道而行，乱作一团。陷入泥潭和被人马践踏而死的士兵不计其数。

周瑜、刘备水陆并进，直把曹操追赶到南郡。曹军损失惨重，死伤过半，大伤元气，在很长时间内，再也没有力量发动南侵战争了。也正是这一战后，刘备取得了南方的要塞荆州作为自己的根据地，三国鼎足之势初步形成。

知识小述

赤壁一战，在孙、刘两个军事集团的成功谋划下取得了辉煌的胜利。在这场战争中，曹操骄傲自大，盲目乐观，轻视敌人，也不能根据北方人不习惯水战的实际情况来准备战争，所以很轻易地就被周瑜、黄盖“火烧战船”的军事行动击败。这一方面说明，取得一定的成绩后千万不能被它蒙蔽了双眼，自满自大，另一方面告诉我们无论做什么事情都要根据情况灵活对待，不能硬着头皮往上冲，否则也一样会尝到失败的苦果。

3 苻坚攻晋，风声鹤唳

晋太元八年（公元 383 年），前秦王苻坚组织九十万大军，决心南下攻打晋。七月，苻坚发布诏令，大举入侵。

初八，苻坚发兵长安，将士共六十多万，骑兵二十七万，旌旗相望，战鼓相闻，前后长达一千里。

东晋颁下诏书，任命尚书仆射谢石为征虏将军、征讨大都督，以徐州、兖州二州刺史谢玄为前锋都督，与谢安的儿子、辅国将军谢琰，还有西中郎将桓伊等人一起总共率领八万人进行抵抗。让龙骧将军胡彬率领水军五千人援助寿阳（今安徽寿县）。

当时前秦的军势非常强盛，谢石、谢玄等在离洛涧二十五里的地方驻军，因为害怕梁成，不敢前进。胡彬的粮草快用完了，就秘密派遣使者向谢石等人报告，说："现在敌人强大而我的粮草已经耗尽，恐怕不能再见到大军了！"前秦士兵俘获了胡彬，把他送到苻融那里。

苻融立刻派使者报告苻坚说："现在敌人兵力不足，容易擒获，只是怕他们逃走，应该迅速派兵前来。"苻坚就把大部队留在项城，亲自带领八千轻装骑兵，日夜兼程赶到寿阳与苻融会合。

苻坚派尚书朱序去劝说谢石等人，认为："强弱相差悬殊，不如快快投降。"

朱序暗地里却提醒谢石等人说："如果前秦百万军队全部抵达，的确难以抵挡。如今乘着各路军队还没有会合，应当迅速各个击破。如果能打败他们的前锋部队，挫伤他们的锐气，然后就可以战胜他们。"

谢石听说苻坚在寿阳，十分害怕，想不出战来拖垮前秦军队。谢琰劝说谢石听从朱序的话。

后来前秦的军队逼近淝水布阵，等待大军来会合，致使东晋的军队无法渡河。

于是谢玄派使者对苻融说："您孤军深入，却紧逼淝水布阵，这是相持的策略，不是速战速决的办法。如果让军阵稍稍退后，让晋朝的军队能够渡河，一决胜负，不是很好吗？"

前秦的将领都说："我们人多，他们人少，我们在河边布阵压制住他们，让他们不能上岸，这样才可以万无一失地等待大军到来。"

苻坚求胜心切说："只要稍微后退一点，让他们渡河，渡到一半，我们再出动铁甲骑兵攻击，会把他们全部歼灭在淝水之中！”

苻融也认为可以，于是指挥军队后退，结果却没想到，秦军接到后退的命令后以为前方打了败仗，都慌忙溃逃。乘此良机，谢玄、谢琰、桓伊等人率领军队渡过淝水攻击他们。苻融骑马跑过军阵，想收拾后退的士兵，结果战马跌到，苻融被晋兵杀死。

谢玄等乘胜追击，一直追到青冈，前秦军队大败，很多人自相践踏而死。逃跑的人听到风声与鹤唳，都以为是东晋的军队要到了，日夜不息，慌不择路，风餐露宿，饥寒交迫，死掉的人有十之七八。

就这样，晋军取得了“淝水之战”的胜利。

知识小述

淝水之战后东晋王朝的统治得到了稳定，北方少数民族贵族南下侵扰的状况得到有效遏制，为江南地区社会经济的恢复和发展提供了有利条件。而苻坚由于轻敌，不能听从正确意见而身死国亡。因此，无论做什么事情，首先要调查清楚再有的放矢，对症下药，才能保证有更高的概率取得成功。东晋的将领正是因为这一点才取胜的。

成语“风声鹤唳”就来源于此，这个成语就是指听到风响鸟叫就以为是敌人的呼喊声，疑心是追兵来了，形容惊慌失措，神经极度紧张。

4 岳鹏举精忠报国遭陷害

岳飞，字鹏举，老家在河南汤阴，父母都是农民，他出生后不久，父亲就被大水淹死了。岳飞和他的母亲坐在缸中逃了出来，后来，岳飞的母亲就教他识字，并学习武艺，十几岁的时候就成为武艺高强的人。北宋末年，岳飞就参加了攻打辽国的战争。又过了些时日，金军也开始进攻北宋，岳飞又去参加了抗击金军的部队。那一年，他才 20 岁。他的母亲在他背上刺下“精忠报国”四个大字以激励他保家卫国的决心。岳飞能征善战，很快就成长为一名将军。

有一次，兀术带领金军攻打到浙江定海，在定海烧杀抢劫了一番就要回去。岳飞很生气，就带领军队在广德这地方拦住了金军，和金军打了 6 次仗，取得 6 连胜。这可把金军吓破胆了，金军暗地里都叫岳飞为“岳爷爷”。

岳飞很英勇，又很有谋略。他还很爱护士兵，有很多人都要参加岳飞的军队。这样，岳家军就越来越壮大，而且常常打胜仗，慢慢地成为抗击金军的主要队伍。

有一回，金兀术带了 10 多万的大军要和岳飞见高低。这大军里有 3000 多名“铁浮图”和 1 万多名的“拐子马”。“铁浮图”的意思就是铁塔兵，这些士兵都身材高大，力气大，武艺强，箭法精，头戴着铁盔，身穿两层铁甲，枪刺不透，刀砍不进，就像铁塔一般，所以就号称“铁浮图”。“拐子马”就是打仗的时候，从两边包围的骑兵，他们都英勇善战。这“铁浮图”和“拐子马”可说是“常胜军”。这一回，兀术就要用他们来打败岳飞的岳家军。

因为精良的部队都被岳飞派出到各地收复失地了，岳飞身边只有很少的一些军队。大家看到兀术的军队气势汹汹的，都有点害怕，岳飞说：“我们是正义之师，有什么好怕的呢！”于是他吩咐士兵把军斧绑在长杆上，打仗时不用骑马，都要步战，专砍敌人的马腿，等敌人从马上掉下来了，再砍他的脑袋。他又吩咐另外一些士兵都带上一把钩镰枪。这种钩镰枪有个钩子和一个弯镰，打仗时，先用钩子把敌人的铁盔钩下来，再用弯镰割掉他的脑袋。决战的那一天，南宋军队就用这个办法把金军的“铁浮图”和“拐子马”打得人仰马翻。这一仗被称为“郾城大捷”。

岳飞带领岳家军把金军打得落花流水就像丧家的狗，金军的将士感叹说“撼山易，撼岳家军难”。他们只要听到岳家军来了，就吓得掉头跑。

可是，对于这样一位能挽救危亡的大将，南宋朝廷中却有人想方设法把岳飞除掉。

郾城大捷之后，岳飞就把向金军进军的计划写在奏折里，派人给宋高宗。可是，宋高宗一看就坐不住了，他想：现在岳飞的岳家军这么厉害，如果岳飞要谋反不服从我的命令，我能拿他怎么办呢？而且岳飞还说要把被金军抓走的宋徽宗和宋钦宗救出来，要是宋钦宗真的回来了，我不就做不成皇帝了吗？想到这，宋高宗马上给岳飞下了一道诏书，要他迅速地回到朝廷，把军队撤回来。

岳飞一接到宋高宗要他回去的诏书后，非常生气。他连忙写了一封奏章，说他要乘机打败金军，收复失去的土地。不能在这个关键的时候班师回朝。在宋高宗不知怎么办时，奸臣秦桧想出了一条毒计，他命令前线的其他军队先撤退，只剩下岳飞的岳家军。然后，他让皇帝在一天之内，给岳飞下了 12 道令牌，要他迅速地撤军。

这下子岳飞只好撤军了。岳飞伤心极了，他看着令牌，大声地叹道：“我 10 年辛劳得来的成果，就这样一下子毁了。”

岳飞走了之后，兀术又带领大军向南进攻，岳飞收复的郑州、颍昌、蔡州就又被夺走了。他 10 年的心血，果然白费了。

后来，在秦桧这个大奸臣编造的“莫须有”的罪名下，一代名将被毒死在风波亭。南宋失去了岳飞这根顶梁柱很快便抵抗不住金军的进攻了，不久便签订合约，给金国送钱来买平安。从此，老百姓日子更加艰难了，南宋气数就像风中的蜡烛，马上就要灭掉了。

知识小述

岳飞一生无愧于“精忠报国”，他被以“莫须有”（也许有）的罪名杀害后，敌军奔走相庆，狂饮三日。他的死无疑是让亲者痛，仇者快的事情。人们在悲愤的同时无不痛恨奸贼秦桧。至今在杭州西子湖畔的岳飞墓前，秦桧夫妇和一伙陷害岳飞的帮凶的铁像依然跪在墓前，受到千世万人的唾骂！

5 戚继光抗击倭寇

明朝到嘉靖皇帝的时候，东南沿海一带经常遭受倭寇的侵扰。为什么叫“倭寇”呢？因为唐朝之前日本被叫做“倭奴国”，“倭”就是矮个子的意思，倭寇，就是指日本强盗。

倭寇在浙江、福建一带烧杀抢掠气焰十分嚣张，百姓对他们恨之入骨，但是此地的明朝军队胆小软弱，根本不敢抵抗他们的抢劫。致使倭寇的侵略越来越严重。后来这件事情终于传到远在京城深宫的皇帝耳朵里。嘉靖皇帝得知小小盗贼竟引起这样的轩然大波，十分生气和震惊，连忙派年仅 27 岁正在山东的戚继光到浙江平定倭寇。

戚继光是山东蓬莱人，嘉靖七年（公元 1528 年）出生在一个世代为山东登州军事官员的武将家庭。他的父亲戚景通是一个十分正直廉明的人，所以家境十分贫寒。

父亲去世后，戚继光承袭了登州（今山东蓬莱）指挥佥事的军职，当时年仅 17 岁。由于他刻苦好学，纪律严明，到 25 岁已升任都指挥佥事，负责整个山东沿海的防卫。戚继光治军十分严格，因此在军中他有着很高的威望。

过了两年，戚继光被调到浙江防范倭寇。对于倭寇的罪行戚继光早有所闻，他痛恨这些日本海盗残害我国百姓的行径，发誓一定要消灭这伙儿强盗。

针对倭寇成群结伙抢劫的特点，在练兵时，戚继光发明了一种新阵法名为“鸳鸯阵”。一个鸳鸯阵由几个人组成，最前面的是队长，队长身后有两行士兵，每行 5 人，最后一个是伙夫。队长身后每个士兵都拿藤牌，掩护其他战友。他们俩后边是“狼筅”兵两个，狼筅是戚继光发明的新兵器，实际是大毛竹上插上尖刀，由于把儿长可以横扫挥舞，威力巨大。再后面分别是每行各两个长枪兵和一个短刀兵，协助作战。这样一个小队可以独立作战，又可以几百个小鸳鸯阵组成一个大阵，还可以变换阵法为“二方阵”、“三方阵”，真不愧是对付倭寇的秘密武器。

嘉靖四十年(公元 1561 年)，倭寇大股部队侵犯浙江台州一带，而此时戚继光率军正在宁海。当他听到这个消息，立刻召集队伍马上进军台州。

拂晓时分，台州城城门悄悄地打开了，一支几千人的军队悄无声息地从城中出来，此时城外的倭寇大营还在睡梦之中。

突然，一杆绣着斗大“戚”字的大旗在队伍中醒目地竖起，从天而降的戚家军将还在睡梦中的倭寇吓呆了，等他们稍清醒时，鸳鸯阵已经攻到了大营。

此时戚继光亲自在阵后擂鼓助威，“咚咚”的战鼓声更使戚家军力量倍增。每一个小鸳鸯阵进退自如，队长在前指挥开路，藤牌兵掩护全队，狼筅兵横冲直撞锐不可当，长枪兵短刀兵配合默契，倭寇被打得头破血流，四处逃窜。戚家军紧追不放，直杀到澄江江边。这次战斗共打死倭寇几百人，还有许多倭寇被烧死、淹死。

台州大捷后，倭寇的气焰被打消许多，同时“戚家军”的名声响彻整个浙江，倭寇一听“戚家军”这三个字就十分害怕。这次战斗后戚家军由3000人发展到6000人，战斗力更强了。

第二年秋，倭寇又想侵扰我东南沿海。但他们知道浙江有戚继光不好对付，于是在福建沿海骚扰，攻占了宁德城。这一来嘉靖皇帝又着急了，赶忙把戚继光又从浙江调到福建。

倭寇把许多金银财宝都藏在宁德城外的一个横屿岛中，并把它作为自己的老巢。这座岛孤零零地立在海中，当时没有很先进的跨海作战的船只，因此十分难打。

戚继光苦思冥想了很久，突然发现虽说横屿岛在海中，四面环水，但在退潮时就是一片淤泥与陆地相连，倭寇也经常在退潮时攻上岸，在涨潮时退回岛。既然是这样，那我们可不可以利用退潮时攻入横屿岛呢？想到这，戚继光十分兴奋，又思索了一阵，忽然灵机一动有了主意，当戚继光把他的主意给部将说明后，顿时众将发出一片赞美声，对此戚继光只是微微一笑，随即正色传令。他将戚家军分为两路进攻横屿岛，一路由侧面进攻，争取在岛中放起大火扰乱敌人，另一路由他亲自率领从正面进攻。每个士兵都准备稻草和木板，只等当天一退潮露出淤泥，立刻铺上稻草，在稻草上再放木板，这样大军就可通过木板顺利地攻上横屿岛。

这一天退潮后，士兵马上开始铺稻草木板。戚家军攻上岛，几千个倭寇立刻和冲上来的戚家军顽固拼杀，战斗十分激烈。戚继光此时又为战士助威，岛上喊杀声、兵器相撞声、战鼓声响成一片，打得难分难解。

这时，另一路戚家军却已悄悄地上了横屿岛。倭寇以为只有一支戚家军攻上岛，因此只在正面抵抗，那一路戚家军从后面杀上来时，倭寇们可傻了眼，只想着逃跑保命了。岛上到处是倭寇的尸体。这一仗戚家军大获全胜，完全捣毁了倭寇的巢穴。

自此以后，倭寇可是吓破了胆，他们再也不敢轻易骚扰我国沿海人民了。

又经过三年时间，戚继光和另外一名大将俞大猷联合起来，把大多数倭寇消灭掉了。到这个时候，东南沿海的人民又过上了安居乐业的生活。人民也永远记着戚继光的功绩，称颂他是“抗倭第一名将”。

知识小述

戚继光年轻有为，赤胆忠心立志报效国家，数十年如一日地保卫着祖国的海防，抗击倭寇。不仅保障了人民的生命和财产的安全，而且给了入侵者一个严重的警告，维护了国家的尊严，他不愧为我国古代一位伟大的民族将领。

6 郑成功复台

郑成功出身武将家庭，熟读兵书，富有带兵的才能。他的父亲郑芝龙本是南明朝廷的主要支持者，后来见这个朝廷大势已去，就降了清。郑成功劝阻无效后便远走厦门，继续同清军作斗争。在战争中，郑成功认识到要长期抗清，非要找个大一点的地方做根据地不可，于是决定渡海去台湾。

正在这时，台湾来了一个人，要见郑成功。郑成功听说台湾来人，马上把他请到室内密谈。

原来早在明朝时候，台湾来了一伙荷兰殖民主义者。这伙强盗不仅圈占了大片土地，还用枪炮逼迫老百姓给他们修建了两座城，一座叫做台湾城，另一座叫做赤嵌城。两座城堡隔海相望，封锁了通向台湾的洋面。城堡由荷枪实弹的荷兰士兵把守，不许中国人随便出入。从此，台湾岛的中国居民不但要为荷兰人服劳役，还要缴纳各种税，过着万分苦难的生活。

荷兰人的通事（翻译）何斌虽然给荷兰人做通事，却一心想把这伙匪徒赶走。他利用荷兰人对自己的信任，偷偷地摸清了荷兰军队的部署情况。

这一天，何斌一见到郑成功，倒身下拜，流着泪说："台湾百姓受红夷（当时中国人对荷兰人的蔑称）欺凌三十多年，早就恨透了他们。请您救救台湾的百姓吧！"说着，他从怀中掏出亲手绘制的台湾地图，递了过去，又向郑成功详细地说明了台湾水路变化和荷兰人的设防情况。

郑成功听了何斌这番话，心中立刻产生了赶走外国侵略者、收复台湾的念头。他扶起何斌，说："此事先生千万不要声张，我胸中自有打算，将来事成之后，定要厚报。"

郑成功进军台湾前，先写信给台湾的荷兰殖民统治者揆一，信上义正词严地说："台湾乃我中华领土，不容外人长期霸占，如今我限你立即撤出，还我神圣领土！"揆一接到书信，并不理睬就丢到一边。

经过周密准备，公元1661年，郑成功率领大军25000人，分乘几百艘战舰出发了。

4月1日黎明时分，船队到达鹿耳门。鹿耳门是台湾门户，那里有很多暗礁，号称天险，船只很难通过。郑成功让熟识地形的人带路，船队悄悄地前进。东绕西绕，神不知鬼不觉地通过了鹿耳门，驰向木寮港。

台湾百姓听说郑成功大军来了，奔走相告，纷纷赶着牛车接引郑军登陆。不到两个小时，郑军几千名登陆大军都安全地上了岸。

天亮之后，荷兰人才知道郑军登陆的消息。荷兰总督揆一用望远镜一看，只见海上和陆上到处都有中国军队，他怎么也弄不明白是怎么回事，惊愕地叫了起来："上帝！鹿耳门已淤浅，中国船难道飞过来的？"

揆一非常着急，慌忙派兵从海上和陆上分头迎战，陆上作战的荷兰指挥官是贝尔德上尉。他接到上司的命令，就狂妄地说："中国人天生受不了火药的气味和毛瑟枪的响声，只要放一枪，他们就会四散逃命，全部瓦解。"他先做祷告，祈求上帝"保佑"，然后命令手下的 240 名士兵按 12 人一排，排好队形，就向郑军挑战了。

郑成功派 4000 陆军分两路，一路正面迎战，一路从侧面包抄，箭矢像下雨般地射向敌人。荷兰士兵见中国人如此勇敢，吓得魂飞魄散，还没开火就乱了队形，有的把枪一丢，抱头鼠窜。郑军乘胜猛追，击毙贝尔德上尉和他的部下 118 人，还缴获了许多军械。

在海上，郑军也取得了胜利。荷兰人只有三艘大船，每艘大船都被数十只中国小船团团围住，根本施展不开，开战不久，荷兰最大的战船"轰"的一声就爆炸沉没了。其他两艘战舰见势不妙，一艘转头逃向外洋，向荷兰人在南洋的据点马达维亚（今印度尼西亚首都雅加达）报信去了；另外一艘一溜烟地逃回城堡底下，依靠着炮台掩护，再也不敢轻举妄动了，就这样躲起来。

台湾的高山族人民听说中国自己的军队来收复台湾，纷纷起来协助，并在背后袭击荷兰殖民军，荷兰军队孤立无援只好投降。

1662 年，最后一批荷兰殖民者撤走后，郑成功命儿子郑经留守在厦门，自己带了几营亲军开发台湾。

由于战火严重损害了健康，郑成功 39 岁就患病去世了。儿子郑经掌握台湾，还一直控制着福建沿海的岛屿。后来，康熙帝统治期间，郑经接受了清政府的"招安"，祖国的领土又完整了。

知识小述

郑成功是我国历史上第一位抗击外来殖民者并取得重大胜利的民族英雄。在明朝末年，外国殖民主义已经风靡全世界，并且初露了窥视中国的野心。郑成功收复台湾一役不仅沉重打击了殖民者的嚣张气焰，让他们不敢小觑中国，更重要的是增强了民族责任心和凝聚力，一致抵御外辱。这些都为后世人民反侵略，卫主权的斗争树立了光辉榜样。

7 镇南关冯子材大捷

1885年2月，法国入侵越南，在法军统帅波里也指挥下，集中两个旅团约万余人的兵力向谅山清军发动进攻，广西巡抚潘鼎新一看到法国的军队过来，吓得立刻逃跑。2月13日，法军一场战斗也没打，就占领了战略要地谅山。2月23日，法军进犯文渊州，守将杨玉科力战牺牲，清军纷纷后撤，法军乘势侵占广西门户镇南关，由于潘鼎新的战败，清政府革去他广西巡抚职务，任命年近70的老将冯子材帮办广西军务，领导镇南关前线的抗法斗争。

冯子材赶到镇南关后，根据前线清军各部之间互相不服的情况，先召集将领开了个会，使各将领在抗击侵略者的斗争中团结起来。然后依山建造了牢固的防御工事。一切准备都快做好的时候，为了打乱法军的进犯计划，冯子材决定先发制人。3月21日，冯子材率王孝棋部出关夜袭法军占据的文渊，击毁敌炮台两座、毙伤法军多人，取得较大胜利。

一天早晨，浓雾遮天，冯子材得到报告说：“尼格里（法军将领）趁着大雾来攻城了。”冯子材立刻找来了苏元春、王德榜和王孝祺等将领。他讲了一下自己的作战计划，然后命令各位将领马上分头行动。

尼格里从文渊城杀出后，把队伍分成了两路。一路攻打东岭，一路攻打长墙。他们在大炮的掩护下，依靠先进的武器，很快就登上了东岭。洋鬼子们一冲进炮台，便把炮口转向长墙开起火来。炮弹雨点一样落在长墙上，炸得石头砖块乱飞。正面的敌人也端着枪，冲了上来。冯子材一面指挥清兵奋勇还击，一面大声鼓励说：“弟兄们，为国报效的时候到了。千万不能让洋鬼子冲过长墙。不然我们还有什么脸去见两广的父老！”这时候，王孝祺领人绕到法军后面发动了猛攻。苏元春冒着猛烈的炮火，冲上了东岭。两方用大炮展开对攻，东岭上炮声隆隆，喊杀声响成了一片。可是，凶猛的洋鬼子并没有被打退。尼格里扯着脖子高声叫喊：“给我冲！谁先登上长墙，谁就升官发财！”法国兵在他的鼓励下，像恶狼一样，一边往上冲，一边嚎叫。

就在这关键时刻，法国兵突然乱了起来。原来是有人向尼格里报告，说王德榜率兵袭击了文渊城。往前线送食品弹药的运输队几次都被王德榜打了回去。

冯子材看机会来了，就大吼一声：“弟兄们，杀呀！”然后，他第一个跳出了长墙，挥舞着大刀朝洋鬼子冲了过去。战士们一见 70 多岁的老将军带头往上冲，也都奋不顾身地杀向敌人。洋鬼子在大刀长矛面前，吓得四散奔逃。尼格里拼命地嚎叫，可是根本就没有人听。没有办法，这家伙也只好跟着往后逃跑。打退长墙前的敌人后，冯子材又指挥士兵向东岭冲去。正在东岭上与敌人进行炮击的清军见到这种情况后更加英勇顽强了，一个个像小老虎似的扑向敌人。法军前后都挨打，只好从东岭上逃了下来。

尼格里把两路败兵集中到一起，还想进行疯狂的反击。忽然山谷四周传来了一片呐喊声，他们抬眼一看，只见无数人像潮水一样从四面八方涌了过来。原来是周围中越两国的老百姓，支援冯子材来了。他们手里拿着各种武器，有刀枪，有棍棒，还有干农活用的锄头和铁耙子，他们没有一个怕死的，都不顾一切地朝洋鬼子冲去。在这种攻势下，尼格里全军覆没，像只狗似的逃走了。

知识小述

冯子材在中越边境的镇南关大获全胜并没能扭转清朝的政府继续沦为半殖民地的趋势，慈禧太后和她的走狗拿染满英雄鲜血的果实换取了一个较为缓和的不平等条约。“中国不败而败，法国不胜而胜”成为中国历史柱上的耻辱。但是这一仗的胜利也起到振奋人心的作用，人们更有信心打败外国侵略者了。

历史上解决疑难的智慧故事

俗语说：“世上无难事，只怕有心人”。面对困难，如果你选择退缩，那么它一定会更加猖狂；如果你选择不畏艰苦，迎难而上，那么它迟早会变成你的手下败将，缴械投降。从失败到胜利，只是缺少一座智慧桥，从困难到容易，也只是缺少你的灵光一闪，灵机一动。

当我们不得不面对问题时，不妨学学聪明的一休哥，闭上眼睛冷静地想办法，总会找到解决疑难的金钥匙的。

1 田忌赛马

公元前四世纪的中国，处在诸侯割据的纷乱状态，历史上称这个时代为“战国”。在魏国做官的孙膑，因为受到同僚庞涓的迫害，被齐国使臣救出后，逃到了齐国国都。

齐国使臣将他引见给齐国的大将军田忌做军师，田忌向孙膑请教兵法，孙膑讲了三天三夜，田忌听后十分佩服，就将孙膑待为贵宾，孙膑对田忌的知遇之恩也很感激，经常为他献计献策，帮助田忌取得了很多次的成功。

赛马是当时最受齐国贵族欢迎的娱乐项目。上至国王，下到大臣，常常以赛马取乐，并以重金赌输赢。田忌多次与国王及其他大臣赌输赢，屡赌屡输。一天他赛马又输了，回家后闷闷不乐。孙膑安慰他说：“下次有机会带我到马场看看，也许我能帮你。”

当下一次赛马比赛时，孙膑随田忌来到赛马场，满朝文武官员和城里的平民也都来看热闹。孙膑了解到，大家的马按奔跑的速度分为上中下三等，等次不同装饰不同，各家的马依等次比赛，比赛为三赛二胜制。

这一回，他是和齐威王约定，要进行一场比赛。他们商量好，比赛的时候，要上马对上马，中马对中马，下马对下马。由于齐威王每个等级的马都比田忌的马强一些，所以比赛了几次，田忌都失败了。田忌觉得很扫兴，比赛还没有结束，他就垂头丧气地离开赛马场，这时，田忌听到有人叫他，他抬头一看，人群中有个人，原来是自己的好朋友兼“智囊”孙膑。孙膑招呼田忌过来，拍着他的肩膀说："我刚才看了赛马，大王的马比你的马快不了多少呀。"

孙膑还没有说完，田忌瞪了他一眼："我输了马大王笑话我还不算，想不到你也来挖苦我！"

孙膑说："我不是挖苦你，我是说你再同他赛一次，我有办法准能让你赢了他。"

田忌疑惑地看着孙膑："你是说另换一匹马来？"孙膑摇摇头说："连一匹马也不需要更换。"

田忌毫无信心地说："那还不是照样得输！"孙膑胸有成竹地说："你就按照我的安排办事吧。"这时候齐威王正在得意扬扬地向各位大臣夸耀自己马匹，忽然一抬头，看见田忌陪着孙膑迎面走来，便站起来讥讽地说："怎么，你每次和我比赛都是输，莫非你还不服气？"田忌说："当然不服气，咱们再赛一次！"说着，"哗啦"一声，把一大堆银子倒在桌子上，作为他下的赌钱。齐威王一看，心里暗暗好笑，于是吩咐手下，把前几次赢得的银钱全部抬来，另外又加了一千两黄金，也放在桌子上。齐威王轻蔑地说："那就开始吧！"一声锣响，比赛开始了。这一次，孙膑事先早对马做了手脚啦！

原来在这次比赛前，田忌按照孙膑的主意，用上等马鞍将下等马装饰起来，冒充上等马，与齐王的上等马比赛。比赛开始，只见齐王的好马飞快地冲在前面，而田忌的马远远落在后面，齐王得意地开怀大笑。第二场比赛，还是按照孙膑的安排，田忌用自己的上等马与齐王的中等马比赛，在一片喝彩中，只见田忌的马竟然冲到齐王的马前面，赢了第二场。关键的第三场，田忌的中等马和齐王的下等马比赛，田忌的马又一次冲到齐王的马前面，结果二比一，田忌赢了齐王。

从未输过比赛的国王目瞪口呆，他不知道田忌从哪里得到了这么好的赛马。这时田忌告诉齐王，他的胜利并不是因为找到了更好的马，而是用了计策。随后，他将孙膑的计策讲了出来，还是同样的马匹，只不过是调换了一下顺序，就得到了转败为胜的结果了。齐王听后恍然大悟，立刻把孙膑召入王宫。后来，齐王任命孙膑为军师，指挥全国的军队。从此，孙膑协助田忌，改进齐军的作战方法，齐军在与别国军队的战争中因此屡屡取胜。

知识小述

要解决疑难问题就必须学会运用智慧，学会观察事物的共性与个性，抓住主要问题集中全力地去解决。因循守旧，按照古板传统的方式有时候是起不到良好的效果的。只有开动脑筋，发散思维，反向思考机动灵活地处理问题，才有可能用较小的代价来取得很大的成果。

2 牛贩子扮使者退敌军

公元前 628 年 12 月，秦国的将领孟明视、西乞术和白乙丙带领军队从都城出发，准备去进攻郑国。

原来，这年冬，在郑国的秦国使者杞子偷着派人给秦穆公报信说：“郑文公已经死了，太子兰做了国君。郑国人让我掌管北门，如果大王速速派军队偷袭郑国的北门，我暗中把门打开，一定能很快灭了郑国的。听说晋文公也刚刚死去，晋国不会搁着国君的尸首来帮助郑国的。现在真是大好时机！一定要成功啊！”

听到这件事后，秦穆公不顾重臣百里奚和蹇叔的反对，真的向郑国发兵。

秦军很快通过了晋国的崤山（在今河南省洛宁县北）。第二年三月，进入滑国(春秋时的小国，在今河南省偃师县南)境内。

一天早晨，队伍刚刚启程，忽有前锋的士兵赶来报告孟明视:“将军，前面有一个人，自称是郑国的使者他想求见大人!”

孟明视大惊:“郑国怎么很快知道我军到此，派使者远远来接?好吧，先看看他的来意如何?”于是传令接见郑国使者。

前来的是个貌不惊人的矮个儿，原来，他是郑国的牛贩子，而并不是什么使者。不过他在滑国贩牛时听说秦军通过滑国是要去攻打郑国，得到这个消息后他惊讶极了，自己国家的君主和大臣们肯定还不知道呢!如果现在跑回去通风报信，不一定比秦国的大军走得快，而且即使自己早一步回去报告了，郑国国君能相信我一个牛贩子的话吗?怎么办?怎么办呢?牛贩子低着头苦苦思索着，忽然，他想到了一个主意，然后咬咬牙:“就这么办了!”他采取了一个大胆的行动:一面派小伙计速去郑国报信，一面假充国使来设法阻止秦军的侵略。他来到秦国部队前，先向孟明视施礼，送上十二头牛和四张牛皮，说:“我叫弦高，我们国君听说三位将军要从我国经过，特地派我先把这小小的礼物献上。国君说:承蒙贵国派兵保护北门，我们非常感激。现在贵军就是在我们国土上停留一天，我们也要供应你们丰盛的饭菜;贵军在我们国土上行军。我们一定负责保护你们的安全。”

孟明视听弦高这么一说，大吃一惊，心想难道我们计划被敌人发现了吗?原来郑国真的早有防备了，只得随机应变说:“我们不是到贵国的，而是来讨伐滑国的，您回去吧!”

弦高离开后，孟明视对西乞术和白乙丙说:“我们偷着过了晋国的地界，离开本国已有一千里了，如果此时突然袭击郑国，内外夹攻，胜仗是有把握的。可现在人家早有准备，那么内应也恐怕已被他们发现了，在这样的情况下再去攻打他们，对我们肯定是不利的，倒不如趁着滑国没有防备，灭了它，带些财物回去作个交代算了。”

再说郑国的新国君郑穆公得到弦高派人送来的情报后，立即去秦国使馆探望，发现秦国使者果然在整理兵器，收拾行李，郑穆公当即把他们驱逐出境，同时做好迎战准备。不过秦军没敢来，而是打下了滑国后，抢了一些财物回去了。可是秦军在回国的途中，又经过晋国的崤山时，遭到晋军的伏击，全军覆没。孟明视、西乞术和白乙丙三位将领也被活捉了去。

知识小述

弦高面对危机情况，没有马上逃跑，而是从容镇定，努力地想办法应付，他的故事告诉我们，鼓起勇气沉着应对突发事情比手忙脚乱不知所措效果要好得多。因此，当危险来临的时候，积极调动智慧，冷静地考虑自己所处的环境想解决的办法，才能化险为夷，战胜困境。即使是个小人物，也能成就大事情。

3 晏仲平二桃杀三士

齐国的晏子在历史上大名鼎鼎，这个其貌不扬、身材短小的矮子，可谓才智非凡，他不仅留下了一部《晏子春秋》，还因善于劝谏齐王而名垂千古。他屡次出差，能够不辱使命，为国扬威，是非常难得的。一开始，他并未得到齐王重用，于是心里很不满意，他想啊想啊，机会终于来了。一次，鲁昭公到齐国访问，齐景公想趁此机会发动外交攻势，让鲁国脱离和晋国的联盟而加盟齐国，所以，齐景公隆重地接待了鲁昭公。在宴会上，鲁昭公让叔孙舍做襄礼，齐景公就让晏子做襄礼。在齐景公的下边，站着三个铁塔般的勇士，他们是齐景公平时最宠爱的人。

这三个往那里一站，把晏子就比下去了。他心中不平，觉得这三武夫受到齐王宠爱就会在这里挡道，景公就不会认识真正的人才而只是会崇尚武力，人才也不会来。于是，就想把他们除掉，让景公醒悟过来。

晏子眼珠一转，就有了主意。他对景公说："主公种了几棵稀有的桃树，今年该结桃子了，我想去看看，摘几个桃来给二位君主尝尝鲜，不知可否？"景公同意了，晏子就自己请求去摘桃子。晏子只摘来了六个桃子，对景公说："桃子未熟，只此几个"，并行酒令，把桃子献到鲁昭公和齐景公的面前说："桃大如斗，天下稀有，君王吃了，千秋同寿。"鲁昭公和齐景公一人吃了一个。晏子和叔孙舍相互推赞，都说对方辅佐君主有功，也各吃了一个。这样，就只剩下了两个桃子。

晏子对齐景公说："现在还剩下两个桃子，我想不如让下面的大臣各说自己的功劳，谁的功劳大谁就吃桃子。"齐景公同意了，晏子就传下令去，让下面侍立的大臣各表功劳。

站在齐景公近处的三勇士性子最急，其中一个叫公孙捷的走出一步说："在桐山打猎时，冲出了一只老虎，直向主公扑来，是我打死了老虎，救了主公的命，应该说功劳不小吧！"

晏子说："你救了主公的命，确实功劳不小，应该吃一个桃子。"晏子就请景公赏了他一个桃子、一杯酒，公孙捷拜谢退下。

另一个名叫古冶子的大力士上前一步说："打死老虎算什么，我跟主公渡黄河的时候，一条大鳄鱼咬住了主公的马，是我和那鳄鱼拼死搏斗，杀死了鳄鱼，才救了主公的马。"齐景公插言说："要不是古冶子，别说我的马，就是我的命也保不住了。"晏子一听，忙让齐景公赏给古冶子一颗桃子和一杯酒。古冶子吃了酒，吃了桃子，拜谢而退。

最后一个大力士叫田开疆，他一看两个桃子被前两个人吃光了，气得大声嚷嚷:“打死老虎、杀掉鳄鱼算什么,主公让我去打徐国,我杀死了徐国的大将,俘虏了五百敌人,连郯国和莒国都归附了我们,这样的功劳算不算大呢?与他们相比如何?凭我的功劳,能否吃到一个桃子呢?”晏子在一旁添油加醋地说:“开疆拓土,比杀虎斩鳄的功劳要大,只是桃子吃完,就让主公赏你一杯酒吧!”齐景公也说:“要论功劳,数你最大,可惜说得晚了!”

田开疆十分生气地说:“我为国争光,帮主公打败敌国,反倒不如个杀虎斩鳄的人,还站在这里丢什么脸哪!”说完,拔剑自刎。公孙捷说:“我凭这么点功劳,竟也抢桃子吃,想想真是脸红,我也不活了!”说完,也拔剑自刎。

古冶子大叫道:“我们三个人是生死兄弟,你们俩死了,我还能活吗?”说完,也拔剑自刎了。

这就是中国历史上著名的“二桃杀三士”的故事。两个桃子,杀了三个盖世英雄,这不是桃子的力量,而是计谋的作用。从此以后,齐景公就对晏子更加宠爱了。仅用一个小小的计谋,就能杀掉勇士,看来,真正的能臣是晏子这样的人啊。

知识小述

晏子虽然其貌不扬,身材矮小,但满腹的才华。他只不过略微想了一个办法,动了一下嘴皮子,就让三个猛士自相残杀以致身死,虽然做法不值得提倡,但这是多么令人镇服的智慧啊!也由此可见,良好的口才对一个人的智慧的发挥有多么大的帮助作用。我们要想马上令别人信服,就要培养自己的口才能力,这也是一个想做大事的人所应该具备的基本素质。

4 老马识途走齐王

公元前679年，齐桓公约会诸侯共同订立盟约。盟约上要紧的有三条：第一条是尊重周釐王；第二条是抵御外族向中原进攻；第三条是帮助弱小的和有困难的诸侯。十多个中原诸侯国参加大会，订立了盟约。强者为王，大伙儿都尊齐桓公为霸主。可是南方有个大国叫楚国（在今湖北一带），不但不参加中原的联盟，还把郑国拉过去也不叫郑国参加。齐桓公火了，正跟管仲商议着怎么去讨伐楚国，没想到正在这个紧要关头，北方的燕国（今河北北部，辽宁西部）到齐国来讨救兵，说北边的山戎打进来了，燕国打了几个败仗，眼瞧着老百姓都要给山戎杀光了，实在没有办法就来央求霸主发兵去救。管仲对齐桓公说：“主公要征伐楚国，得先打退山戎，维护好自己的后方才能够专心对付南方。”

公元前663年，齐桓公率领大队人马到了燕国。这时候山戎早已逃走了。管仲说：“山戎没打就走，等到咱们一走，他们准又进来抢劫。要安定北方，非打败山戎不可。”齐桓公就决定再向前进军，但地形不熟悉，得有人带路。燕国的国君燕庄公对齐桓公说：“不妨请无终国（在今河北玉田西北）出兵帮我们带路。”齐桓公立刻派使者去，无终国答应做向导，派了一位大将带着一队人马来支援。齐桓公打败了山戎，救出了不少被山戎掳去的青年男女，山戎的老百姓也归顺了齐国。可是山戎的大王密卢逃到孤竹国（今河北卢龙东南）借兵去了。齐桓公和管仲决定去攻打孤竹国。

大军到了孤竹国附近，碰到了山戎的大王密卢和孤竹国的大将黄花。到了头更天时，士兵们带着孤竹国的大将黄花来见齐桓公。

齐桓公一看，他跪在地下，双手捧着一颗人头，耷拉着脑袋说：“乘我们的大王答里呵被您打败亲自到沙漠去讨救兵时，我杀了山戎的头子密卢来向您投降。请让我带您去追赶答里呵吧！”齐桓公和管仲把那颗人头仔细瞧了一阵子，又叫将士们认了认，真是山戎大王密卢的脑袋，就把黄花留下了。

第二天，黄花把齐桓公和燕庄公领进了孤竹国都城，果然是一座空城。他们更加相信了黄花。齐桓公叫燕庄公带着燕国人马守住孤竹国的都城，自己率领全部人马由黄花带路去追答里呵。黄花在前头带路，到了傍晚的时候，来到了当地人把它叫做迷谷的地方。只见平沙一片，就跟大海一样，一眼望去没边没沿，分不出东南西北来，大伙儿全迷了路。齐桓公和管仲急得团团转，赶紧去问黄花，哪儿还有他的影儿！这才知道中了黄花的诡计。原来，黄花杀了山戎的头子密卢倒是真的，投降可是假的，是想借机会杀死齐桓公。管仲说：“恐怕这儿叫旱海，不可再走了。”齐桓公下令收军。天越来越黑，又碰上冬天，西北风一个劲儿地刮着，大伙儿冻得直打哆嗦，好容易盼到天亮，可是一看，眼前还是黄澄澄的一片平沙，罩着灰扑扑的一层雾气，道路在哪儿呢？这块鬼地方连一滴水都没有，要是走不出去，渴也得把人渴死。

大伙儿正在不知道怎么办时，管仲想出了个主意，他向齐桓公说：“马也许认得路。咱们挑几匹当地的老马在头里走，也许能走出这块地方。”齐桓公点头说好。他们就挑了几匹老马领路。果然，老马识途，领着他们走出了迷谷。“老马识途”的成语就是这么来的。

齐桓公的大队人马出了迷谷，远远瞧见一批老百姓好像搬家似的。就派老兵扮做百姓去打探，才知道他们是孤竹国的百姓。当初所瞧见的孤竹国都是座空城，原来是黄花和答里呵使的诡计，让老百姓先搬出城去，然后他们去攻打燕庄公守城的人马。管仲将计就计，叫一部分士兵扮做孤竹国的百姓混进城去。到了半夜，混进城里的士兵放了一把火，从城里杀出来，城外的大军从外边打进去，里应外合把黄花和答里呵全给杀了，孤竹国也就这么完了。

齐桓公对燕庄公说：“山戎已经赶跑了，这一带五百多里的土地都给燕国。你守着，别再放弃。燕国是北边的屏障，管理这个地方是你的本分。”

燕国靠着齐桓公，一下子增加了五百多里的土地，变成了一个大国。

知识小述

在生活中，掌握大量的知识是十分必要的。如果此刻我们正陷于困难的泥潭中不能自拔，不妨冷静地搜寻一下自己的智慧宝库里有哪些知识和经验能够用得上，这样一来许多问题就迎刃而解了。

5 荀息借路取两国

晋国的南面有两个国家，一个叫虞（在今山西省平陆县东北），一个叫虢（在今山西省平陆县东南）。这两个近邻国家的祖先都姓姬，所以相处得很好。可是，虢国的君主常派兵到晋国边界闹事，晋献公因此想发兵讨伐虢国。

公元前655年的一天，晋献公问大夫荀息："现在能讨伐虢国吗？虢国的君主真是太不像话了，天天寻衅滋事。"

荀息说："现在恐怕还不是时候吧。因为虞虢两国的关系很好，如果我们去讨伐虢国，虞国肯定会派大军相助，到那时我们就必须对付两个国家的军队了。再说虢国戒备森严，兵精将猛，我看这样，先给喜欢玩乐的虢公送些美女去，让他尽情享乐，消磨他的意志，让他荒废朝政，以此来削弱他的国力，然后再讨伐虢国。"

晋献公同意了，就照荀息的计划行事。虢公得了晋国的很多美女，果然只顾玩乐，不理政事了。荀息这时对晋献公说："现在可以攻打虢国了，不过，我们最好不要让虞国去援救它，我们可以给虞公送一份厚礼，向他借条路去讨伐虢国。这样一来，虢国就会恨虞国，虞国也就不会帮助虢国了。”

晋献公就派荀息出使虞国。荀息到了虞国，向虞公献上一匹千里马和一对最名贵的玉璧，说：“虢国老侵犯我们晋国，我们打算跟他们干一仗。今向贵国借一条道儿，让我们过去，如果打赢了，所有战利品都送给您。”

贪财的虞公玩着玉璧，又瞧瞧千里马，说：“行呀，行呀，请贵国君主放心，我一定借道给你们。”

虞国大夫宫之奇走到虞公面前劝阻道：“大王！不行呀！虢国跟我国山水相连，唇齿相依。俗话说：‘唇亡齿寒。’如果没了嘴唇，牙齿就会挨冻。虢国灭亡了，咱们虞国就一定保不住。”

虞公嘴唇贴着玉璧吹了一口气，瞪了宫之奇一眼，说：“人家晋国送来这么多好的宝贝，咱们连条道也舍不得借给他们，这说得过去吗？再说，结交一个强国，总比结交弱国合算。”

宫之奇见虞公听不进自己的忠言，料定虞国必然要被晋国灭亡，就带着一家人离开了虞国。

同年冬天，当晋军路过虞国时，虞公见晋军十分强大，就向荀息讨好说愿意助战。他们想依赖晋国，往后可以得到晋国的庇护。

荀息热情地接待了虞公，并对他说：“我听说虢国公正和犬戎打仗，您假装上去助战，虢国一定放您进城。您的兵车都装上晋兵，只要他们一开城门，我们就可以轻而易举地拿下他们的下阳关。”糊涂的虞公乐颠颠地照做了。

终于，在虞公的“帮助”下，晋献公毫不费劲地就将虢国灭掉了。大获全胜的晋军凯旋归来，以整顿兵马为借口，在虞国驻扎下来。接着，趁虞人没有防备，发动突然袭击。虞国就这样被轻而易举地灭掉了。

虞公目光短浅，置宫之奇的劝告于不顾，只注重眼前的利益。他根本就意识不到虢国的存亡与虞国有多么密切的关系，终于成为晋国的俘虏。那对名贵的玉璧和千里马，又回到了晋国。

知识小述

荀息运用智慧，巧妙地分化掉了敌人的实力，一计就拿下两个国家。这个故事告诉我们这样一个道理，对于敌人的蒙蔽要认真思考，不要被眼前的利益熏晕了脑袋做出帮助敌人铲除自己好友的事情。否则，当敌人腾出手来就会马上反扑向你，到时候可就无路可退了。

成语“唇亡齿寒”来自这个故事，意思是，嘴唇没了，牙齿就会感到寒冷，用来比喻双方关系密切，利害相关，一方受到打击，另一方必然不得安宁。

6 望梅止渴曹操鼓士气

东汉末年，曹操带兵去攻打张绣，一路行军，走得非常辛苦。时值盛夏，天空中一丝云彩也没有，太阳火辣辣地挂在空中，散发着巨大的热量，两边密密的树木和被阳光晒得滚烫的山石，让人透不过气来。大地都快被烤焦了。曹操的军队在弯弯曲曲的山道上行走，因为已经走了很多天了，大家都十分疲乏。到了中午时分，士兵的衣服都湿透了，行军的速度也慢下来。这一路上又都是荒山秃岭，没有人烟，方圆数十里都没有水源。将士们想尽了办法，始终都弄不到一滴水喝。头顶烈日，战士们一个个被晒得头昏眼花，大汗淋漓，大家都口干舌燥，感觉喉咙里好像着了火，许多人的嘴唇都干裂得不成样子，鲜血直淌。每走几里路，就有人倒下中暑死去，就是身体强壮的士兵，也渐渐地快支持不住了。

曹操目睹这样的情景，心里非常焦急。他策马奔向旁边一个山岗，在山岗上极目远眺，想找个有水的地方。可是他失望地发现，龟裂的土地一望无际，干旱的地区一望无边。再回头看看士兵，一个个东倒西歪，早就渴得受不了，看上去怕是谁也走不了多远了。他叫人找来个向导，悄悄问他："这附近有没有水源？"向导摇摇头说："泉水在山谷的那一边，要绕过去还有很远的路程。"

曹操是个聪明的人，他在心里盘算道：这一下可糟糕了，要是再找不到水，这么耗下去，不但会贻误战机，还会有不少的人马要损失在这里，想个什么办法来鼓舞士气，激励大家走出干旱地带呢？

曹操想了又想，突然灵机一动，脑子里蹦出个好点子。他对向导说："你什么也别说，我有办法了。"于是他一夹马肚子，跳到山岗上，抽出令旗指向前方，大声喊道："前面不远的地方有一大片梅林，结满了又大又酸又甜的梅子，大家再坚持一下，走到那里吃到梅子就能解渴了！"

战士们听了曹操的话，想起梅子的酸味，就好像真的吃到了梅子一样，口里顿时生出了不少口水，精神也振作起来，鼓足力气加紧向前赶去。就这样，曹操终于率领军队走到有水的地方。

知识小述

曹操利用人们对梅子酸味的条件反射，让士兵成功地克服了干渴的困难。解决了军队当时所遇到的巨大困难。可见我们做事情在遇到困难时，不要一味畏惧不前，应该时时用对成功的渴望来激励自己，努力地想办法，并且要有足够的勇气去战胜困难，如果一遇到难题就马上退缩，是解决不了问题的，甚至还会使问题更加恶化。这样又何来成功呢？所以，要想到达成功的彼岸就要想方设法振作自己的精神，不要被一点小挫折蒙蔽住自己智慧的大脑。五历史上交友重情的故事

历史上交友重情的故事

我们羡慕真挚的友情，歌颂高贵的友情，渴望真正的友情，在这个纷乱复杂的世界上，如果没有朋友，那种孤独就像冬夜失去了温暖的烛光，溪流失去了清脆的歌声，孔雀失去了美丽的翎羽。因此，友情是多彩人生不可或缺的重要部分。

从古至今，尊友重情的故事举不胜举，我们既为他们慨叹，又被他们感动着。

古人的事迹包含着一种情操，一种道德，这些事迹告诉我们，只有诚心换诚意，真情换真义，才是得到真正的朋友，才是真正的友情的秘诀法宝。

1 管鲍之交

春秋时期，第一个坐上霸主交椅的是齐桓公。当时齐国有很多人才，最有名的是有两位大军事家的帮助，即管仲和鲍叔牙。而且，这两个人还是相交多年的好朋友呢！管仲，名夷吾，是颍上人。他年轻时曾与鲍叔牙交游，鲍叔牙知道他很有才能。

起初，管仲和鲍叔牙合伙做买卖。管仲家里穷，出的本钱没有鲍叔牙多，可是到分红的时候，他却要多拿。鲍叔牙手下的人都很不高兴，骂管仲贪婪。鲍叔牙却解释说："他哪里是贪这几个钱呢？他家生活困难，是我自愿让给他。"管仲曾经带兵打仗，进攻的时候他躲在后面，退却的时候他却跑在最前面。手下的士兵全都瞧不起他，不愿再跟他去打仗。鲍叔牙却说："管仲家里有老母亲，他保护自己是为了能留着命去侍奉母亲，并不真是怕死。"鲍叔牙替管仲辩护，极力掩盖管仲的缺点，完全是为了爱惜管仲这个人才。管仲听到这些话，非常感动，叹口气说；"生我的是父母，了解我的是鲍叔牙啊！"管仲和鲍叔牙就这样结成了生死之交。

当时，齐国的国君襄公没有儿子，只有两个异母兄弟。一个是公子纠，母亲是鲁国（今山东省西南部）人；一个是公子小白，母亲是卫国（今河南省北部）人。

管仲当了公子纠的老师，鲍叔牙做了公子小白的老师。由于齐襄公十分残暴，他们就决定离开，于是一个带着公子纠躲到鲁国去了，一个带着公子小白躲到莒国去了。

周庄王十二年（公元前 685 年），公孙无知杀死了齐襄公，夺了君位。不到一个月，公孙无知又被大臣们杀死了。齐国有些大臣暗地派使者去莒国迎接公子小白回齐国即位。

鲁庄公听到这个消息，决定亲自率领三百辆兵车，用曹沫为大将，护送公子纠回齐国。他先让管仲带一部分兵马在路上去拦截公子小白。管仲追上他们后对小白说，你的哥哥还在，你不用回国了。可是鲍叔牙和公子都不听劝告，管仲想了一下，便假装答应离开，退了下去。没走几步，突然回过身来，弯弓搭箭，瞄准小白，一箭射去。只听小白大叫一声，口吐鲜血，倒在车上。周围的人一窝蜂跑去救护，其中有人大叫“不好了！”接着，很多人就大哭了起来。

管仲看到这个情景，认为小白一定死了，便驾车飞跑回去，向鲁庄公报告。鲁庄公说小白已经死了，马上设宴庆贺，然后带着公子纠，慢慢悠悠地向齐国进发。

哪里知道，管仲这一箭并没射死公子小白，只射中了小白的衣带钩。小白怕管仲再射箭，急中生智，把舌头咬破，假装吐血而死。直到管仲走远了，小白换了衣服，坐在有篷的车里，抄小路赶到了齐国都城临淄。这时候，鲁庄公和公子纠还在半路上呢！等小白到了都城，就对大臣说，国不可一日无君啊！大臣们见小白已经回来了，就拥立他接了父亲的班。鲁庄公得知后非常生气，马上向齐发动进攻。齐桓公只好发兵应战。这一仗结果鲁军大败。

鲁庄公大败回国，还没喘过气，齐国大军又打上门来了，强令鲁庄公杀死公子纠，交出管仲。鲁庄公一看，大兵压境，不愿意为一个公子纠冒亡国的风险，就急忙下令将公子纠杀死，又叫人把管仲抓起来，准备一同处死。

这件事被鲍叔牙派到鲁国去接管仲的隰朋听说后急忙跑去对鲁庄公说：“我们国君对管仲恨之入骨，非要亲手杀他才解恨。你们把他交给我吧。”鲁庄公只好将公子纠的头连同管仲都交给隰朋带回齐国。

管仲进了齐国的地界，鲍叔牙早就等在那里了。他一见管仲，如获至宝，马上让人将囚车打开，把管仲放了出来，一同回到临淄。鲍叔牙把管仲安排在自己家里住下，随后去向齐桓公推荐管仲。齐桓公说："管仲不就是射我衣带钩的那个家伙吗？他射的箭至今我还留着呢！这样的大仇我还没报呢！你还想让我重用他？"鲍叔牙说："那时各为其主嘛！管仲射您的时候，他心中只有公子纠。再说，您如果真要富国强兵，建立霸业，没有一些人才怎么行？"齐桓公说："我早已经想好了，在我的大臣中，你是最忠心、最能干的了，我要请你做相，帮助我富国强兵。"鲍叔牙说："我比管仲差远了，我不过是个小心谨慎、奉公守法的臣子而已，管仲才是治国图霸的人才啊！您要是重用他，他将为您射得天下，哪里只射中一个衣带钩呢！"

齐桓公见鲍叔牙这么推崇管仲，就亲自把管仲接到宫里来当了相，后来，管仲果然帮助齐桓公成就了霸业。

知识小述

管仲和鲍叔牙的友情是古代留给世人的一个光辉典范。鲍叔牙不自私，不偏执，事事都能为朋友着想，而且真心欣赏管仲的才华。作为齐桓公小白的老师，他没有以此作为资本当上齐国的相，而是极力推荐管仲，认为他才是可以图大业的人才。这是多么宽广的胸怀和高贵的友情啊！试问，这个世界上能有几人有这么博大的情怀呢？人们往往为了一点小利益而发生争执，丝毫不顾及友情，所以他们总是没有真正的朋友。如果你想让你的友情能够长久保鲜的话，就必须懂得体谅朋友，以无私去对待朋友。

2 聂政身死酬知己

春秋末期，韩国大夫严仲子因为受到韩哀侯的宠信而受到了韩相侠累的嫉恨。严仲子害怕自己有一天被侠累杀害，逃离韩国，开始游历各地，欲寻侠士为自己报离乡之恨，刺杀侠累。后闻听魏国轵地人聂政因杀人避仇，携母及姐隐迹于齐国，聂政为人仁孝侠义，武功高超，是值得结识的一个人物，于是严仲子就到了齐，寻至聂政所居，数次登门拜访，带着美酒和美食去看望聂政的母亲，并赠黄金百镒（音益，古代重量单位，1 镒为 24 两，一说 20 两）。聂政坚辞不受，但在他心中却十分感谢严仲子为自己所做的一切，因此就把严仲子看作知己。聂政之所以不答应严仲子去刺杀侠累，不是因为胆小怕事，而是由于自己的老母尚在，不能为朋友而牺牲自己。

又过了一段时日，聂政的老母亲与世长辞了。严仲子披麻戴孝，像亲儿子一样帮助聂政葬母，聂政看在眼里，感激在心。此后，聂政为母服丧三年，又把姐姐嫁出去，只剩下自己一个人才奔赴濮阳严仲子，询问严仲子仇家的名字，并谢绝严仲子想派别人相助的要求，一个人去了韩国。

韩相侠累府宅护卫森严。聂政来到相府的时候正巧侠累正高坐府堂，执戟甲士侍立两旁。聂政仗剑直入韩府，诸多甲士反应不及，正自呆若木偶时，聂政长剑已刺入侠累胸膛，侠累顷刻命丧。顿时府中大乱，甲士们醒悟过来，齐上围攻聂政。聂政仗长剑击杀数十人后，难逃重围，他长叹一声，倒转剑柄，以剑尖划破面颊，剜出双眼，破腹而死。

聂政死后，韩侯把他的尸体悬挂在大街上，悬赏购求能辨认其人的人。聂政姐聂荣闻听消息后心里明白，于是马上动身到了韩。等到了市集上，果认出尸体是聂政。聂荣伏尸痛哭，失声喊道：这个是轵地深井里人聂政啊！

道上有往来人好心劝止道：这个人是刺杀韩相的凶手，韩侯悬赏千金欲求其姓名，你不躲避，怎么还敢来辨认呀？聂荣回答：“我知道。然而聂政之所以蒙受屈辱隐迹于市贩之中，都是因老母在堂，我尚未嫁。严仲子识政于屠贩之中，屈身结交，此深厚知遇之恩怎可不报！士为知己者死，聂政不过是因为我还活着，才毁坏自己的躯体，以免被人辨认出来牵连与我。但我又怎能害怕被牵连而任政的英名埋没呢！”

她的话刚一说完，聂荣长呼三声“天”，即因悲哀过度、心力交瘁，死在聂政的尸体旁，后有人感其姐弟侠义，就收殓了他们的尸体。聂政身怀武艺却甘愿为母及姐混迹于市贩中，感激于严仲子国士之礼舍命相报，为免亲人受连累不惜毁容一死，他所求者，不过是那种知己相报的信念啊！而聂荣虽无惊人的武艺，却具有无畏的精神，为了信仰、亲人，不惜牺牲自己的生命，敢于挺身而出，其性格刚烈坚强，行事果决，重义轻生，也可称其为侠女呀！

知识小述

聂政是古代少有的做到“忠孝”两全的人。他感谢严仲子对自己的知己之恩，但是为了奉养老母，嫁出姐姐，并不答应为严仲子报仇雪恨。等到母亲去世服孝期满，姐姐也有了归宿之后才去行刺侠累，最后为了不连累任何人自毁面容死去了。这种为了报答知己的情义不惜奉献生命的勇气和侠义精神流传数千年，为人们广为传颂。

3 左儒为友而刎颈

传说周宣王时，宫里有一位先王时的老宫人，约莫五十多岁，怀孕四十余年产下一女婴，周宣王夫妇认为是不祥之物，就命人将其包裹起来，抛到了二十里外的清水河中。后来周宣王又听说妖气虽已出宫，但并未消除，就命上大夫杜伯督办查找“妖女”之事。在兴师动众查寻“妖女”的过程中，因累及许多无辜，杜伯便不愿再查下去。

三年后，周宣王因梦见一美貌女子惊扰太庙，心中十分恐惧，就逼问杜伯查找“妖女”的结果。杜伯认为“妖女”已被溺死，继续查找下去，会惊扰百姓，于朝廷不利。周宣王听了大怒，斥责道：“分明是怠弃朕命，行止自繇。如此不忠之臣，要他何用！”便立即下令处死杜伯。此时文武百官吓得面如土色。忽然文官行列里走出一位官员，忙将杜伯拉住，连连说“不可！不可！”这位不惧君王之威的官员就是杜伯的好友——下大夫左儒。左儒对周宣王说：“臣闻尧有九年的大水之患，还能做成皇帝；商汤有七年的旱灾，也并不影响他成为一个天下称颂的明君。自然灾害尚且不能防备，怎么能轻信有妖孽这样的事呢？君王如果杀了杜伯，臣恐怕国人把天下出了妖孽的事情传扬出去，如果被外邦人知道了，一定会轻视我们的国家。请大王宽恕他吧。”

周宣王听了左儒的话，不但没有收回成命，反倒指责左儒道：“你为了朋友而违抗朕的命令，是重朋友而轻君王的表现。”左儒回答道：“如果大王是对的而朋友是错误的，我一定会违背他的意思而支持您的意思；如果朋友是正确的，我就一定不能遵照大王您的主意了。杜伯没有可以被杀的罪过，大王要是杀了他，天下必定会以为大王是个不明事理的昏君；为臣我要是不能劝谏阻止您的话，天下人必然以为我是个不忠的臣子。大王要是非要杀杜伯的话，就让为臣和杜伯一起死吧。”周宣王的怒气并没因此消退，仍命令武士将杜伯推出朝门之外杀了。左儒回到家中，也自刎而死。

知识小述

左儒为了正直的朋友而刎颈自杀的故事被后人广为传颂，“刎颈之交”也就成了人们夸赞坚贞友谊的代名词。试问，普天之下能有几个人可以为了支持朋友而对抗权威，奉献出自己的一切呢？

阎敞善保挚友钱

东汉时期，有个叫阎敞的人。他在年轻时就结识了一个朋友，名叫第五常。从此两人相互尊重，赤诚相待，往来密切，关系非常的好。

一天，身在官场的第五常接到调令，要他到京城做官，而且事情很急，必须在 15 天内到任。这时候他就来到阎敞家，对他说：“现在我要走了，时间很紧，行李必须从简。因为钱物携带很不方便，我想将 130 万贯钱先寄放在兄长这里，以后再来取。你看这样行吗？”

阎敞听后说：“可以啊，你放心走吧，你的钱我一定妥善保管。贤弟可以随时来取。”于是，第五常就把钱拿过来，阎敞当面把钱封存好。然后设宴为朋友饯行。吃过晚饭，阎敞把老朋友送出很远。第五常再三劝说留步，两人才依依惜别。临别时，第五常还说：“那笔钱，我也不急着用，阎兄如果需要，您尽管先用就是了。”然后这对朋友互道珍重，从此天各一方。

谁知道第五常到了京城后，不幸碰上瘟疫，没多长时间一家七八口都死了，只剩下一个九岁的小孙子。第五常临死时，把孙子叫到跟前，对他说：“你要好好读书，将来考取功名，重振我们家族。爷爷不行了，也没给你留下什么东西，就剩下 30 万贯钱寄存在你阎敞爷爷家里，你需用时就把它取来，也许能对你有所帮助……”话还没说完，便咽下气。

第五常死后，过了几年，音讯终于传到阎敞耳朵里，他悲痛欲绝，想上京去拜祭第五常，但终因身体虚弱而未能成行。可是他无时不在惦记着第五常的后人，因为自己手里还存着老朋友的一笔钱。他知道这笔钱对故人后代的重要性，就多方打听后辈人音信，可惜总是毫无结果。

第五常去世的时候，他的孙子还小，不能返回故乡，找爷爷的挚交好友取回那笔钱。他孤零零一个人，日子过得很苦，只能靠人家接济过日子。但他知书识礼，为人很正派。几年过去后，这个孩子长大了。为了安置家业，他想去找阎敞爷爷取回爷爷存放的钱，但心里总觉得不踏实——手中没凭没据的，这么多年过去了，能拿得到这笔钱吗？

一天，阎敞正在家里读书，突然来了一个年轻人，看上去面熟得很，但又实在记不起在哪里见过。一问，才知道竟然是自己多年寻找的老友第五常的孙子。阎敞见年轻人长成大人了，而且人品又好，惊喜交加，赶忙酒饭招待。

饭后，这个年轻客人说：“爷爷临终前告诉我，有30万贯钱放在您这里。我现在正需要钱，希望能拿回去。看在爷爷与您相交多年的分上，请务必把钱给我。”

阎敞听了，慢慢地摇摇头，“孩子，你说得不对啊。”

年轻人听后心里“格登”一沉，以为阎敞不肯给他钱，这时只听阎敞问：“爷爷告诉你是多少钱？”

“爷爷亲口给我说，确实是30万贯的钱在您这里。”

“孩了，你爷爷肯定病得厉害，他在我这儿寄存了130万贯钱，不是30万。”阎敞越想越伤心，老朋友当年肯定病得很厉害啊！可是自己竟然没能去探望他一次啊！

年轻人想爷爷肯定不会留下这么多钱，看看眼前这个白发苍苍的老人，也不知道谁糊涂了，或者是眼前这个阎敞爷爷在跟自己耍花招？他深吸了一口气说："爷爷告诉我 30 万贯，您就给我 30 万贯吧。那多出来的既然爷爷没说，那我也不要了。"

阎敞又摇摇头，让他等一等，自己从床下拿出一个坛子，掸掸上面的灰尘，告诉年轻人："你看这钱，是当年当着你爷爷的面封存的，我从来没有动过。整整 130 万贯。现在你来了，你可以拆开看看。"

第五常的孙子接过钱，被老人的诚实感动得热泪盈眶。阎敞拉着年轻人的手嘱咐说："你今天了却了我心底的一件大事。这钱着实不少，你要好好利用，重振家业，千万别辜负了你爷爷对你寄予的厚望啊！"

后来，第五常的孙子就把阎敞当成了自己亲爷爷一样侍奉，两家的关系也一直非常密切。阎敞不昧故友财的故事也被世人传为美谈。

知识小述

现在有许多人眼睛里只有钱，只有利而丝毫不顾及朋友之间的情谊。交朋友贵在真诚，阎敞替好友保管钱财，最后一分不少地交还给好友的后人，这是一种多么高尚的诚信精神啊！我们在对待朋友时，也不要昧着良心占小便宜，更不要无缘无故地侵占朋友的钱财。交友应该交心不交利，否则一生也不会拥有真正的朋友的。

5 管宁断席绝好友

管宁和华歆年轻时，曾是一对非常要好的朋友。两人形影不离，同桌吃饭、同榻读书、同床睡觉，相处得很和谐。

有一次，两个人一块儿去劳动，在菜地里锄草。两个人努力干着活，顾不得停下来休息，一会儿就锄好了一大片。这时只听见“口当”一下，管宁的锄头碰到了一个硬东西。管宁觉得十分奇怪，将锄到的一大片泥土翻过来。黑黝黝的泥土中，有一个黄澄澄的东西闪闪发光。管宁定睛一看，是块黄金，他就自言自语地说了句：“我当是什么东西呢，原来是锭金子。”接着，他不再理会，继续锄草。

“什么？金子！”不远处的华歆听到这话，不由得心里一动，赶紧丢下锄头奔了过来，开心地拾起金块捧在手里仔细端详。

管宁见状，一边挥舞着手里的锄头干活，一边责备华歆说：“钱财应该是靠自己的辛勤劳动去获得，一个有道德的人是不可以贪图不劳而获的财物的。”

华歆听了，口里说：“这个道理我也懂。”手里却还捧着金子左看看、右看看，怎么也舍不得放下。后来，他实在被管宁的目光盯得受不了了，才不情愿地丢下金子回去干活。

又有一次，他们两人坐在一张席子上读书。正看得入神，忽然外面人声鼎沸，一片鼓乐之声，中间夹杂着鸣锣开道的吆喝声和人们看热闹吵吵嚷嚷的声音。于是管宁和华歆就起身走到窗前去看究竟发生了什么事。

原来是一位达官显贵乘车从这里经过。一大队随从佩戴着武器、穿着统一的服装前呼后拥地保卫着车子，威风凛凛。再看那车饰更是豪华：车身雕刻着精巧美丽的图案，车上蒙着的车帘是用五彩绸缎制成，四周装饰着金线，车顶还镶了一大块翡翠，显得富贵逼人。

管宁对于这些很不以为然，又回到原处捧起书专心致志地读起来，对外面的喧闹完全充耳不闻，就好像什么都没有发生一样。

华歆却不是这样，他完全被这种张扬的声势和豪华的排场吸引住了。他嫌在屋里看不清楚，干脆连书也不读了，急急忙忙跑到街上去跟着人群尾随车队细看。

管宁目睹了华歆的所作所为，再也抑制不住心中的惋叹和失望。等到华歆回来以后，管宁就拿出刀子当着华歆的面把席子从中间割成两半，痛心而决绝地宣布："我们两人的志向和情趣太不一样了。从今以后，我们就像这被割开的草席一样，再也不是朋友了。"

知识小述

两个人之间能够成为朋友，关键的是要志同道合。如果你和朋友之间的追求和理想都存在一定差距的话，就不能真正同心同德地去开创一番事业。如果没有精神上的默契，就算表面上二人之间还是多么的友好都是虚假的，更别说要一起去追求梦想和取得进步了，像这样做朋友还有什么意思呢？所以在交朋友的时候，一定要找到和你心意相通的，这样才能感受到友情的真诚与可贵。

6 孔融惜友荐祢衡

祢衡（173–198），字正平，东汉末文学家，平原郡般人（今临邑县德平镇小祢家村）。

祢衡自幼聪敏，成年后博学多识，才华横溢，但却有恃才傲物、善辩好胜、不畏权势的性格。当时的大司马北海太守孔融，十分赏识祢衡的才华和抱负，二人结下了深厚忘年之交。

东汉末年，军阀混战，天下大乱。祢衡远赴荆州避难，途中得知汉献帝定都许昌，便带着政见文稿前去许昌，准备在政治上施展抱负。但到许昌后，看到曹操独霸朝纲，理想无法实现，即转至好友孔融、杨修处，经常一起议论时事，讥评朝政。曹操闻知，对其怀恨在心。孔融向献帝推荐祢衡，曹操屡屡作梗。孔融再荐，曹操便让祢衡当他的鼓吏。祢衡知道曹操在羞辱自己，也不推辞，待机予以回击。一次曹操大宴群臣，命鼓吏着鼓衣依次至席前击鼓，以助酒兴。至祢衡，仍着旧衣上庭。庭吏骂他无礼。祢衡却一脸不在乎的样子。他站于经常祭祖的庭堂之上，在曹操及群臣面前脱下旧衣，傲慢而从容地换上鼓吏服饰，演奏了有名的《渔阳掺挝》(后称《渔阳三鼓》)。章节悲壮，如骂如讽，闻者无不动容。

身为汉相的曹操，受到羞辱，怒气难消。孔融从中周旋，一面指出祢衡太过分，一面对曹操称祢衡有谢罪之意。曹操特摆盛宴，招待祢衡，想挽回面子。结果祢衡却布衣疏巾，手持木棒，来到曹操面前，戳地大骂。曹操更加恼火，但又怕担杀害才子的罪名，便将祢衡“荐”于荆州刺史刘表。祢衡去后，对刘表的阴诈、无能、贪婪、腐败，又有所傲慢。但刘表知曹操借刀杀人之意，便又把祢衡“荐”给江夏太守黄祖。

祢衡与黄祖的儿子、章陵太守黄射为友。黄射宴请宾客，请衡以“鹦鹉”为题作赋助兴。其挥笔即席写成《鹦鹉赋》，以鹦鹉自诩，浑然奔放，淋漓尽致地展示胸襟，抒发有才之士生逢末世，身遭坎坷，心情积郁的真实情感，“浩气坌涌”，“慷慨倬厉”。文章被收入《昭明文选》久为传诵。武汉名胜鹦鹉洲因此赋而得名。

祢衡在江夏，对黄祖的十足霸气、品德不端、不学无术甚为不恭。黄祖本一介武夫，性情粗暴，即借故将其杀害于鹦鹉洲，年25岁。

祢衡的遭遇，是才智之士生于乱世的典型悲剧，后人对其莫不寄予惋惜和同情。唐朝大诗人李白游江夏过鹦鹉洲时，感慨万千，挥笔写就一首《过鹦鹉洲吊祢衡》的五言诗：

魏帝营八极，蚁视一祢衡，黄祖斗筲人，杀之受恶名。

吴江赋鹦鹉，落笔超群英，铿锵振金玉，句句欲飞鸣。

鸷鹗啄孤凤，千春伤我情；五岳起方寸，隐然讵可平！

才高竟何施？寡识冒天刑；至今芳洲上，兰惠不忍生！

知识小述

孔融四十岁时与年方二十四岁的祢衡结交为“忘年交”，这是很难得的事情。孔融发现祢衡是一位“品质端方，英才焕发”的人才，于是极力推荐启用祢衡，从而使祢衡的才能得到了更好地发挥，更快地成才。可以设想，如果没有孔融的慧眼识明珠，祢衡也就难以这么早成才了。在现实生活中，有一部分人总是喜欢踩着朋友的肩膀爬上高位，总是想利用别人达到自己的目的，这样的朋友是万万交不得的。真正的友情是，在你有困难的时候施以援助之手，不嫉妒你的才华，发自内心地热爱你的人。

历史上立志求学的故事

成才的方法有很多种，但殊途同归，那就是勤奋，不断地进取，不断地努力。不管你是“读书破万卷，下笔如有神”，还是“学业有专长，术业有专攻”，无一不是勤奋学习使然。古人教导我们“书山有路勤为径，学海无涯苦作舟”，成功缺少了汗水的浇灌永远也不会献出迷人的花朵！朋友们，如果你年轻的心灵填满了成功的梦想，就让勤奋化为双翼，乘着清风，踏着海浪去追逐那个种满成功之树的黄金岛吧！

1 孟母断织喻子

孟子是战国时期墨家代表人物，姓孟名轲，由于知识渊博，道德高尚，被后世誉为“亚圣”。孟子之所以能够取得这么高的地位，与他幼年所受的教育有关。

孟子小时候，模仿能力特别强，一开始，孟子的家与一个做棺材的人家做邻居，来到邻居家来买棺材的人大都心情悲痛，等到出殡那一天，就一路啼哭着去坟场，孟子看见别人哭丧，他就学人家哭丧；孟母看见了，心里很生气，她说我的儿子不能和这样的人做邻居，于是就搬走了。这次他们和一家生意人做邻居。孟子看到邻居做买卖的吆喝，觉得很有意思，于是他也学人家吆喝。他母亲看到这种情况，为了教育他成才，又一次搬家，后来搬到了一个学校旁边，孟子看见人家读书，他也跟着人家读书。母亲看见他跟着人家读书，非常高兴，于是就把他送去读书。孟子刚开始上学时非常用心，字写得一笔一画，很是工整。这下孟母就放心了，住下来就不走了。可是，没过多久，他觉得学习太辛苦，不如在外面玩耍自由快活。于是，他逃学了，不上课的时候他经常到山坡上的树林中去玩耍，真是开心极了，觉得玩耍是最快乐的事。

一天，他回到家里，正在织布的妈妈问他：“儿呀，今天怎么这么早就放学了？”他看着母亲那关切的目光，觉得自己做了一件错事，感到实在对不起母亲，就低着头小声地说：“我到山上去玩了，今天没去上学。”妈妈一听，生气地说："我辛辛苦苦织布供你读书，你却逃学，太没出息了，真是个不懂事的孩子！"说着，妈妈拿起一把剪刀，一下子把正在织却还没织完的布剪断了，边剪边接着说道："你不好好读书，就像这剪断的布一样，还有什么用处！一个人只有专心读书才会有知识，如果你现在不用功读书，将来肯定会一事无成！"

小孟轲看着母亲，看着这剪断的布，悔恨交加，他哭着说："妈妈，我错了！以后我再也不贪玩儿了。我一定好好读书！"从此，小孟轲勤奋学习，从不偷懒，后来终于成了著名的大思想家。

知识小述

孟子之所以能成为令后人景仰万分的大学者，不能不说是他自己主观勤奋努力的结果，一个人如果不勤学，不苦读，纵使有非常高的天赋和过人的才华，也一定会被白白浪费掉，最后一事无成。人们的少年时光是短暂而又美好的，我们不珍惜它，它就会悄悄溜走，只给你留下一个"悔恨"的背影，这样的人是不会成才的。给自己一个远大的目标，一个警醒的方法，坚持不懈地努力就会取得成功。

2 凿壁偷光博学有成

古时候，有个叫匡衡的少年，非常勤奋好学。

可是匡衡的家里很穷啊，他根本没有条件去学堂读书，甚至为了帮助父母维持家里的生活，他连读书的时间都没有。他白天必须干许多活儿，挣钱糊口。只有晚上，他才能坐下来安心读书。可是让他感到头疼的是，家里实在太穷了，连买蜡烛的钱都没有！所以，虽然晚上他有了属于自己的时间，但是由于没有照明设施，天一黑，就根本无法看书了。匡衡心疼这些被浪费掉的时间，内心也更加痛苦。匡衡的邻居家里很富有，一到晚上好几间屋子都点起蜡烛，把屋子照得通亮。匡衡想了好久，终于有一天他鼓起勇气，敲开了邻居家的门，对邻居说："我晚上想读书，可买不起蜡烛，能否借用你们家的一寸之地呢？"可是这个邻居是个势利眼，一向瞧不起比他们家穷的人，就恶毒地挖苦说："既然穷得买不起蜡烛，还读什么书呢！"匡衡听后非常气愤，不过他更下定决心，一定要把书读好。

匡衡回到家中，悄悄地在墙上凿了个小洞，一到晚上，邻居家的烛光就从这洞中透过来了。他借着这微弱的光线，如饥似渴地读起书来，没过多长时间，他渐渐地把家中的书全都读完了，还钻研了个透。有时候，一本书被他翻来覆去地学习了很多遍，可是，书总有研究透的一天，匡衡知道家里这些书已经对他没有太大帮助了的时候，他丧气极了，可是又不知道哪里有更多的书。

匡衡读完自己手头上能找到的所有书后，深感自己所掌握的知识还是远远不够的，他多么想继续学习，再读多一点的书，得到更多的知识啊！可是，究竟到哪里才有不花钱的书可以看呢？

有一天，匡衡打听到附近有个大户人家，主人有很多藏书。一天，匡衡卷着铺盖出现在大户人家门前。他对主人说："请您收留我，我给您家里白干活儿不取报酬。只是让我阅读您家的全部书籍就可以了。"主人非常惊讶，问匡衡都读过些什么，匡衡谦虚地说自己并没有读过许多书，因为家里太穷了。后来主人又和匡衡讨论起来，发现匡衡才思敏捷，知识渊博，还很有远见，可见这是一个博学多才而又勤学好问的优秀青年。终于，主人被他好学的精神所感动了，答应了他的要求。从此，匡衡就在这里边读书边干活，主人家藏书很丰富，匡衡到了这里，就一头扎进了知识的海洋，再也不想出来了。

匡衡就是凭着这样勤奋学习的精神，积累了大量的知识，后来他做了汉元帝的丞相，成为西汉时期著名的大学者。而他小时候刻苦读书的故事也激励着一代又一代的青年人奋发向上，勤奋学习。

知识小述

匡衡家里穷，可是他宁可凿壁偷光也不放弃学习，这是多么令人赞叹的学习精神啊。现在，我们的生活水平可比匡衡强多了，可是却很少有人能够意志顽强地读书了，为什么？因为我们生活太安逸了，缺少了奋进的动力。这也是为什么我们大多数人不能出类拔萃的原因。其实，我们每个人都是天才，只是缺少学习的精神罢了。如果珍惜现在的生活条件，努力学习的话，我们该取得多么大的成功啊！

3 囊萤映雪刻苦读书

晋代的时候，有个叫车胤的读书人，从小特别喜欢读书。可是他家庭条件太差了，连吃饭都很成问题，哪里还有什么条件去供他读书呢？为了维持温饱，他和匡衡一样，虽然年纪小，可是在白天也得出去做工，忙得团团转挣钱补贴家用，根本没有机会找个空子读书。

为此，他只能利用晚上的时间背诵诗文，可问题是家里哪里有多余的钱买灯油供他晚上读书啊？车胤每次都乘着天将黑时那点亮光，拼命地读一会儿书，因为等天完全黑下来可就什么也看不到了。夏天的一个晚上，他正在院子里背一篇文章，他背着背着，想起读这篇文章时还有一些地方不太明白，就想再读读其他文章比较一下，于是就一骨碌从地上起来，掀开书一看，天啊！什么都看不清楚！

他沮丧极了，低着脑袋坐下来了，忽然间，他发现头顶有些亮光，他惊喜地抬起头，看见许多萤火虫在低空中飞舞，一闪一闪的光点，在黑暗的夜空中显得那么耀眼。他想，如果把许多萤火虫集中在一起，不就成为一盏灯了吗？于是，他高兴地跑回屋去，让妈妈给他用白色的绢缝了一只口袋。口袋缝好了，他马上就拿着袋子跑掉了。妈妈喊着问他："这么晚了，你要干什么去啊？"车胤顾不上回答，一眨眼的工夫就跑得无影无踪了。

原来他是跑到树林里，干什么？捉萤火虫啊！他妈妈不放心，叫他爸爸跟过来看看儿子在干什么，爸爸看见他捉萤火虫，还往袋子里装，就问他说："儿啊，你捉那么多萤火虫干什么呀？"他边捉边说："我要让萤火虫帮我照明哩！"父亲听了他的话，觉得有点儿道理，就过来一起帮他捉。过了一会儿，口袋里已放进了几十只萤火虫，白色的口袋发出微弱的光芒，他把袋口扎住，找到一个树枝吊起来。虽然不怎么明亮，但也可勉强用来看书了。

从此，只要有萤火虫，他就去捉一些来当做灯用。就这样，车胤借助这天然的"灯光"，读了好多好多的书，由于他聪明好学，后来终于取得了成功。

晋代还有个叫孙康的读书人，家里情况也是如此。由于没钱买灯油，晚上不能看书，只能早早睡觉。可是他觉得这样让时间白白跑掉，实在是太可惜了。

冬天的一个夜晚，他从睡梦中醒来，发现屋里比平时亮了许多，顺着光线的方向，他把头转向窗户，发现光线原来是从窗户里溜进来的。他心里高兴极了，心想难得今天晚上的月亮这么亮，如果不起来读点书的话岂不是白白浪费掉了？

想到这里，他赶忙从床上爬起来，趴在窗户上往外一望，呀，原来不是什么月光，而是外面下了厚厚的一层大雪！洁白的雪地反射着幽幽的光芒，把世界映得亮堂堂的。他想，这么好的光线我为什么不利用它来看书呢？想到这里，他白天劳动的疲倦顿时全都消失了。他立即穿好衣服，取出书籍，来到屋外。

果然，宽阔的大地上映出的雪光，比屋里可要亮多了。孙康立即打开书，果然字迹清晰可见。他不顾寒冷，认认真真地看起书来，也不知过了多久，他突然发现，手脚冻僵了，就搓搓手指，跑一跑步。然后又专心致志地读书。

就这样，一个寒冷的冬夜就过去了。虽然雪地里很冷，可是能借助雪地的光亮读书却让孙康兴奋得不得了，心里像点了个暖融融的小火炉。此后，每逢有雪的晚上，他就不放过这个好机会，孜孜不倦地读书，这使得他的学识突飞猛进，成为饱学之士。

知识小述

车胤和孙康都是穷人家的孩子，根本没有什么条件能用来学习，读书，但是他们却热爱学习，想尽一切办法为自己创造条件学习，虽然说他们读书过程很艰苦，但是正是由于这种发自内心的热诚和对读书、对知识的无限渴望让他们成了大学问家。今天的我们生活得很幸福，能够有太多太多的学习机会了，可是为什么不去珍惜呢？为什么还偏要去荒废学业呢？车胤、孙康的故事希望能给大家一点启示，刻苦学习的精神是可贵的，让我们把这种精神化为自己的力量吧！

4 磨杵成针李白号诗仙

李白生活在唐玄宗时代，是我国古代诗歌浪漫主义派的杰出代表。由于李白的诗情没有人能比得上，所以大家都叫他“谪仙”，意思是流落到人间的仙人。

李白的一生充满了浪漫和神秘，也留下了许多动人有趣的传说。这里，讲的是李白小时候学习的故事。

李白小时候非常聪明，5 岁的时候就坐在窗前开始摇头晃脑地大声背诵古人的文章了。后来，他上学了，老师教的功课，他只需要读上两三遍，就可以把书上的内容背得滚瓜烂熟。因此老师非常喜欢李白，经常在小朋友们面前夸奖他。时间长了李白觉得自己很了不起，就渐渐骄傲起来，开始不那么认真学习了。他想，反正自己背书背得快，老师教的东西又一听就懂，坐在学堂里还有什么用，不过是浪费时间嘛，还不如出去玩呢！

有一天，老师正在上课，窗外的阳光照进教室，他脑子里竟然想起了金色鲤鱼的故事：“那些小鱼正自由自在地游泳，它们穿着金色的鳞片，在阳光的照耀下闪闪发光，一定好看极了。”他开始陷入自己编织的梦幻世界里。还有一次，老师让大家读《老子》这本书，李白读着读着，不一会儿就觉得头脑发胀。这时，他想，要是回家玩一会儿，比读书好多了。于是，他趁老师不注意，就偷偷向家里跑去。

回家的路上，他发现一位白发苍苍的老婆婆，正坐在小溪边的一块石头旁，不停地磨着一根铁棒。老婆婆磨得非常认真，汗珠从她的额头上滚下，可她只是抬起手，用衣袖擦了擦汗，又接着磨呀磨。李白看着这一切，心里非常好奇。于是他跑到老婆婆的身旁，轻轻地拉着老婆婆的衣角说：“婆婆，您磨这根大铁棒干什么呀？”老婆婆一边专心地磨着，一边说：“我呀，要把它磨成一根绣花针哩。”李白一听，看着那根铁棒，哈哈大笑，不以为然地说：“老婆婆你别开玩笑了，这么粗的铁棒，什么时候才能磨成针呢？我看得花上一辈子的时间吧。”老婆婆转头看了看李白，见他一脸不相信的样子，就停下手中的活儿，对他说：“孩子，天下没有什么做不到的事，只要功夫深，铁棒也能磨成绣花针哩！”听了老婆婆的话，李白惊呆了，他就像被那根铁棒砸到了脑袋，一下子明白了：是啊！读书也是一样，只要坚持不懈，即使再难的问题也能解决。可是如果三天打鱼，两天晒网，根本不可能进步的。就像老婆婆手中的铁棒，如果不长年累月地磨，是无论如何变不成绣花针的呀。想到这里，李白再也不想玩了，扭头跑回了学堂。

从此，李白再也不逃学了，当他读书碰到困难时，他就会想起老婆婆说的“只要功夫深，铁棒磨成针”的话，重新鼓起勇气，努力学习。有一段时间，他为了专心读书，甚至搬到一所道观中去安心苦读。正是凭着这种精神，他阅读了大量的书籍，为他以后取得在诗歌创作上的成功打下了坚实的基础。后来，他取得了伟大的成就，成为我国历史上最著名的大诗人。而他持之以恒，刻苦学习的故事，也激励着一代又一代的有志青年。

知识小述

李白凭借“只要功夫深，铁杵磨成针”的精神发奋学习，刻苦读书，最终成为一代大师。我们在求学过程中也要有这种精神，只要持之以恒，坚持不懈地努力学习，知识就会像水一样积少成多，最终会变成浩瀚无边的汪洋大海的。不管是天资聪颖还是反应比较迟钝，持之以恒是不分彼此，指导着所有人都能走向成功的。

5 颜真卿拜师求“秘诀”

颜真卿是唐代著名书法家之一。少年时，为了学习书法，颜真卿一开始向著名书法家褚遂良学习，他每天练字特别刻苦，总希望能早一天写出一笔好字来。功夫不负有心人，在练了一段时间后，他的字看起来总算是有模有样了。颜真卿想，现在我的字已经有一定的基础了，老师见了一定很高兴，然后就可以教我快速成才的方法了吧。从这天起他一心想找到一种练字的秘诀，尽快提高自己的书写水平。于是有一天，他忍不住了，他就跑去问老师练字的秘诀，老师告诉他说:“练字没有秘诀，如果说有，那就是勤奋。”他觉得老师说的这点儿大道理他都懂。而且，能写好字肯定有什么秘诀，只是老师不愿意告诉自己罢了。

为了找到这个秘诀，他又拜更著名的书法家张旭为师学习书法。张旭是当时最著名的大书法家，他精通各种字体，尤其擅长草书，被称为“颠张”。颜真卿想:“张老师肯定有许多写字的窍门，在他的指点下，自己很快就能一举成名。”但拜师以后，张旭却没有透露半点儿学习书法的秘诀。他只是给颜真卿介绍了一些名家字帖的特点，让颜真卿仔细临摹。有时候，他带着颜真卿去爬爬山，游游水，甚至去赶集、看戏，回家后又督促颜真卿练字。

转眼几个月过去了，颜真卿就这么天天按照老师的要求学习，他想:“什么时候老师才教书法的秘诀呢？”颜真卿心里非常着急，等了些日子后老师还是没向他透露一个关于练字秘诀的字。颜真卿又坐不住了，他决定直接请老师讲学习书法的秘诀。

一天，颜真卿发现老师心情不错，就壮着胆子对老师说:“学生有一事相求，请老师传授书法秘诀。”张旭一听，觉得他问得有点儿奇怪，就认真地告诉他说:“学习书法，一要‘工学’，即勤学苦练；二要‘领悟’，即从自然万象中接受启发。这些诀窍我不是已经多次告诉过你了吗？”颜真卿听了，这不是和褚遂良老师说的一样吗？他想，肯定是老师不愿传授秘诀，于是他又上前一步，向老师鞠躬行礼说：“老师说的‘工学’，‘领悟’，这些道理我都知道了，还请老师传授我行笔落墨的绝技秘方。我好照着那个方法去多加练习。”

张旭看着这个可爱的而又有点儿可气的学生，耐心地对他说：“我学习书法，有时是从公主与挑夫争路的过程中觉察了笔法之意，有时是从公孙大娘舞剑的姿态中学到了落笔的神韵，除了观察体悟自然，就是用心苦练，此外，我并没有什么诀窍。”接着他又给颜真卿讲了晋代书圣王羲之教儿子王献之练字的故事，最后严肃地说：“学习书法要说有什么‘秘诀’的话，那就是勤学苦练。学习不下苦功的人，不会有任何成就。你要想找一条‘捷径’那是不可能的，早晚会误入歧途。要想有所成就，是必须从基本功开始练习，从生活和自然中用心领悟，才能形成你自己的风格的呀，否则，你就只能永远是模仿别人，而不能形成自己的特色，不能算有所成就，有所作为。”

老师语重心长的一番话，使颜真卿羞愧地低下了头。这次，他才真正明白了学习的秘诀。从此，他安下心来，决定再也不寻找什么学习的“诀窍”了，而是扎扎实实勤学苦练，潜心钻研，从生活中领悟运笔神韵，最终成了唐代四大书法家之一。

知识小述

在学习的时候，很多人都曾向老师讨教过“秘诀”，想凭借这个“诀窍”不必花费太大努力就能够获得成功。但是事实是，任何学问要想钻研透，取得成功的话，都是需要勤学苦练，不是仅靠一个“有效的方法”就能轻松地把全部知识掌握在手里的。凡是有所成就的大学者，哪一个不是从“刻苦”两字中磨砺出来的！所以，不要再奢望寻找什么“秘诀”了，还是认认真真学习，踏踏实实做学问，成功就不会再对你吝啬了。

6 欧阳修惜时成“大家”

欧阳修是北宋时庐陵（今江西永丰）人，我国著名的文学巨匠。他的散文功夫独步天下，名列“唐宋散文八大家”中“宋六大家”之首，此外，他在诗、词、散文、历史著述等方面都取得了令人瞩目的成就。成为人们学习和倾慕的对象。那么，他是用什么方法学习的，是怎么取得这些成就的呢？

欧阳修 4 岁时，父亲欧阳观不幸病逝，欧阳观是一个清官，从来都没有贪污过，所以他家里很穷，去世后更没有为妻儿留下任何财产。郑氏带着一儿一女，生活得相当艰难。就在这样的生活中，欧阳修一天天长大了，懂事了。有一天，欧阳修看见村里的其他孩子能上学念书，非常羡慕，常常跟在后面跑。可是到了学堂门口，他就停住了，因为他没交学费，不能上学。他回家对母亲说：“妈妈，送我去读书吧，我要认字……”母亲认真地看了他一会儿，轻轻地对他说：“好孩子，妈妈教你认字好不好？”听说能认字，他高兴地跳起来。欧阳修的母亲读过许多书，在当时是个有学问的女子，当然能教欧阳修读书识字。可是由于家中贫困，买不起纸和笔，母亲便在离长江不远的一条小河旁，用河边的芦苇秆当笔，把沙子地摊平当做纸，教欧阳修学习写字。妈妈每教一个字，他都反复诵读，一笔一画，都牢记在心。春天去了，秋天来了，无论是寒冷的冬天，还是炎热的暑天，他都坚持学习，养成了勤奋好学的习惯。就这样，两年后，他已认识了 2000 多字，已经能自己读书了。

很快，家藏书籍就被他读完了，家里没有钱买书，欧阳修就经常到附近藏书多的人家去借书读，有时候还把借来的书抄录下来。虽然抄书很辛苦，而且往往需要快速地把书抄完好还给人家，他经常累得手臂酸痛。可是，一想到能有自己的书了，欧阳修就乐得把所有的苦都忘记了。一次，他去一个姓李的人家借书，从那家的废纸堆里发现一本旧书，他拿起一看，原来是唐代文学家韩愈的文集，他兴奋得不得了，马上跑去请求主人把这本旧书借给他，主人被他的这种好学的精神感动了，就把这本书送给了他。他把书带回家里细细阅读，越读越觉得吸引人，越读越觉得有精神，越读越被韩愈深厚雄博的文笔折服，所以一口气读到深夜，忘了吃饭，也忘了睡觉。从此，他有意效仿韩愈的文章，学习古文写作。由于他学习一丝不苟，10 多岁时，他的文章已写得相当老练，连成年人也自愧不如。人家问他怎么样才能学得又快又好，他说："学习要靠三多，即多看、多做、多思考。"

欧阳修做官以后，事务繁忙，但他仍坚持读书、写作。后来，有人问他那么忙，他是怎么读书写作的。他说，他是利用了"三上"：枕上，厕上，马上。也就是说，他利用睡觉的时候、上厕所的时候、骑马走路的时候来读书写作的。

欧阳修正是靠了这种孜孜不倦的学术精神和珍惜时间抽出一切时间来学习读书的认真精神，终于成了一位大文学家的。他的文学地位在当时很高，文学风格和写作方法也被后世奉为典范，在中国古代文学史上长期独领风骚。

知识小述

无论学习什么知识，不珍惜时间一定不能成功。学习是需要点滴积累的，这就需要专注于平时每一个过程，每一个步骤，不管生活多忙碌，都要抓紧一切机会读几页书，背几首诗，因为浪费时间就是谋杀生命。人的时间都是有限的，谁抓得紧，谁珍惜它，谁能把时间用到最关键的地方去，谁就能做成大事情，取得令人羡慕的成就。

7 分门别类蒲松龄妙法成才

蒲松龄(1640~1715年)，字留仙，号柳泉居士，淄川(今山东省淄博)人，清代最伟大的文学家之一。在《红楼梦》问世以前，蒲松龄的小说可算得上是最为精彩的作品，成为上至王孙贵族，下至乡野村夫都津津乐道的一部奇书。但是这位伟大的文学家却一生遭遇坎坷，生活贫困，有天才的创作能力有时却连生存都无法保证。

这样的生活条件，就使他同劳动人民有着密切的联系。他把长期积累和搜集的民间传说，经过精心地创作，写出了短篇小说集《聊斋志异》，被誉为中国的“短篇小说之王”。蒲松龄还写了很多诗歌、散文、民谣和关于农业及医药知识的通俗读物。为我国文化事业的普及做出了巨大的贡献。

那么，年少时蒲松龄是如何把自己培养得这么有才华的呢？他有什么秘诀吗？

山东淄川城的东边有一个叫蒲家庄的村子，这个村子非常的美，它四周被茂密的垂柳环抱着，村外小河清澈见底，群山蜿蜒起伏苍翠壮观。1640年，蒲松龄就出生在这个山清水秀的村庄。

蒲松龄家兄妹五人，他排行老三。父亲是个很有学问的人，但是一把年纪了，却连个秀才也没考中，后来见中举人当官是没什么希望了，就出去做生意。可是饱读圣贤书的父亲谈经论典是一把好手，学习做买卖需要的狡猾的素质他却跟不上别人。由于不善经营，买卖并不兴隆，家里人口又多，日子过得紧巴巴的。眼看着几个孩子到了上学的年龄，可家里却没有钱请老师，父亲就亲自上阵教孩子们念书。几个孩子里数蒲松龄最聪明，最刻苦，也最得父亲的喜爱。

小蒲松龄不但学习时用功刻苦，而且十分聪明，总是能找到有效的学习方法。一天晚上，他在灯下诵读一本古人的诗集，当读到一首描写月光的诗时，诗中描写的优美意境深深吸引了他，尤其是“山明疑有雪，岸白不关沙”，在他的脑海里引起了无限的遐想：山峦披着洁白的月光，好像布满了银白的积雪；河岸在月光的照耀下白茫茫一片，就像铺了一层银色的沙子。这两句诗写得多么迷人，多么优美啊！蒲松龄马上把这首诗抄在了本子上，反复吟诵，陶醉在这美好的境界之中。

突然他灵机一动，想：这位诗人还有没有描写月光的其他的诗呢？其他的诗是不是也像这首那么美呢？要是能把这些句子一下子都记下来该有多好啊！于是，他又翻阅起诗集，把其中描写月亮的诗都找了出来，仔仔细细地抄在本子上，抄完后他心里得意极了，好像完成了一个伟大的创举。

接着，蒲松龄又把其他诗人描写月亮的诗都抄录下来，还用同样的方法阅读抄录了很多古人咏雪的诗歌。就这样蒲松龄在小小年纪就“编辑”出了一本关于咏月和咏雪的诗集，并且他可不是抄完了就扔到一旁不管了，而是认认真真地背诵下来，仔仔细细地揣摩意境，还拿去和父亲讨论自己的看法。

久而久之，他心中就“存入”了好多好多的诗了。凭着这种在广泛阅读的基础上，巧妙地运用专题学习的方法，蒲松龄把自己喜爱的内容分门别类地抄录下来，再加以比较整理，细心研究，渐渐地掌握了读诗写诗的规律。并且，正是因为有了许多的语言素材，他开始学习写文篇后，几乎每篇都写得非常生动精彩，引人入胜。

蒲松龄小时候采取了好的学习方法，打下了坚实的基础，使得他的诗在清朝众多文学家的作品中占有一席之地，更写了那本虽然字数不多，但是一拿起来就被书中的故事吸引得废寝忘食，精彩纷呈的《聊斋志异》。

知识小述

在我们学习过程中，有很多人找不到适合自己的学习方法，以至于觉得读书真是一件十分痛苦的事。其实，学习需要的不仅是一股韧劲儿，还需要一股巧劲儿，如果你方法不对，只是像头勤勤恳恳，任劳任怨的老黄牛蛮干，结果很可能是白费了力气还是不能将知识真正地学到手。先静下心来，思考一下自己适合怎么样的学习方式，给自己制订一个科学合理的计划，就会起到事半功倍的好效果。

历史上发奋求成的故事

世界上没有轻轻松松成就的事业，任何一朵成功的花朵，都是需要勤奋汗水的浇灌，需要心血泥土的养成，需要失败暴雨的考验。

幼鹰不勇敢地冲向悬崖，就得不到坚强的翅膀；树苗不经历狂风的洗礼，就不能长成强壮的枝干；河流拒绝了锲而不舍的奔流，也就拒绝了汇成大海……

人，贵在有恒。水滴穿石，铁杵成针，只要有发奋的努力，只要有坚韧不拔的精神，一切艰难险阻不过是虚幻的海市蜃楼，而你，也必将发现，原来遥不可及的梦想之星，现在已经飞到了身边，满心欢喜地等待你的采摘了。

1 左思苦作《三都赋》

左思在少年时候，脑子比较笨，父亲教他学写字，他写得歪歪扭扭，不像样子；教他学弹琴，他总也弹不出一支像样的曲子，父亲对他很生气。有一天，父亲的朋友来家里做客，父亲指着左思对朋友说："我这个儿子，学习不认真，脑子又笨，跟我少年时候比，差得太远了。"在一旁站着的左思，听了父亲的批评，心里感到十分难过。从此，他就暗暗下定决心，刻苦读书。他不喜欢讲话，却整天在用心钻研写文章怎样用词造句。经过长时期坚持不懈地努力，左思的学习终于有了极大的进步，成了一个很有学问的文学家。

这时的左思，准备作一篇《三都赋》，可是对自己又没有太大的信心，就下定决心，坚持到底，相信终有一天这个作品会在自己手中诞生的。

据说，左思为了写好《三都赋》，足足花费了十年的工夫。他广泛收集材料，认真核对事实。凡是《三都赋》中提到的山川、城市，他都要查考地图；就是鸟兽草木，也要和记录地方上各种情况的地方志对照查实；至于风俗、歌谣、音乐、舞蹈，他更是一丝不苟地根据当时当地的实况来写。他这种严肃认真的写作态度，是很值得学习的。

左思在考察《三都赋》的内容、结构和用词造句的过程中，付出了巨大的劳动。为了获得铿锵有力的句子，来表达深刻的内容、塑造出耐人寻味的艺术形象。他曾经在室内、庭院、厕所等处的墙上，都挂了纸笔。不管走到哪里，只要想到一个好句子，就随手把它写在挂着的纸上。

在左思酝酿写《三都赋》的时候，吴郡人陆机正好来到了洛阳。这个文章冠世的江南名士，看到洛阳的繁华景象，想要写一篇洛阳赋来抒发自己的情趣。他听说左思已经在准备写《三都赋》，禁不住哈哈大笑。他嘲笑这个无名小卒的左思，竟胆敢写赋，并且还要写三都赋，真是不自量力。他在给弟弟陆云的信中说："洛阳这个地方，有一个名左思的粗野鄙贱的人，竟妄想作三都赋。等到他把文章写成功了，我们就应该让酒瓮底朝天啦！"陆机的嘲笑传到左思的耳朵里，左思决心忍受耻辱，用艰苦的劳动，坚持不懈的努力去完成《三都赋》的写作，用事实来回答陆机。

时光易逝，眨眼间十年过去了，左思终于写成了《三都赋》的文稿，去拜访当时名气很大的皇甫谧，请皇甫谧先看一看。皇甫谧看《三都赋》的时候，不禁几次拍案叫绝，连连称赞说："写得好！写得好！"他答应给《三都赋》写篇序文，并且请当时有名的诗人张载给《魏都》作注，刘逵给《吴都》、《蜀都》作注。

《三都赋》传出以后，人们争相传阅，赞不绝口。京城里的富豪贵族以及有地位的人，都争着买纸抄写阅读，洛阳城里的纸张因此价格突然大涨。这就是被人们传为美谈的"洛阳纸贵"的故事。

知识小述

并不是所有有成就的人都是聪明人，我们常说的"勤能补拙"，就是说，即使你是个天生反应比较迟钝的人，只要不气馁，不认输，而是刻苦钻研的话，也会取得成功的。不信吗？大文学家作《三都赋》的故事告诉我们的正是这样一个道理。因为自己有弱点，所以左思才能坚韧不拔的意志去学习，去做学问，在花了十几年的心血后作品终于问世，终于得到人们的认可，一时间洛阳纸贵。这说明，只要我们有毅力，有信心，一切困难都会被克服！世上无难事，只怕有心人，让我们一起学会努力和坚持吧！

2 “二王”苦练终成“书圣”

王羲之，字逸少，琅琊临沂(今山东临沂北)人，是东晋宰相王导的侄子，曾任东晋王朝的右军将军，人们称他为王右军。他写的字在当时就享有盛名，被人们视为珍品。但是王羲之并不是个天才，在他身上有许多勤学苦练，立志求成的故事，在人们中广为流传，直到今天。

王羲之七岁时开始学书法，他学习的时候是非常刻苦的。他父亲曾给他讲前人张芝勤学苦练写字的故事。

张芝是东汉时的书法家。他擅长写草书，有“草圣”之称。他为了练好字，天天在池塘边蘸着池水磨墨写字。写完字，又在池塘里洗涮笔砚。时间一长，那池塘里的水都变黑了。这个故事深深鼓励着年幼的王羲之，他决心向张芝学习，勤学苦练。他不论寒暑，练字从不间断。他每天写完字，也到门前的池塘去洗笔砚，天长日久，池塘里的水也变黑了，人们把这池塘称为墨池。王羲之每到一个地方，都不停地练字，都要到池塘中去洗涮笔砚，因此，他留下许多墨池，成为今天的名胜古迹。在会稽蕺山下有王羲之的墨池，温州和江西临川也有他的墨池。北宋时，有位著名的文学家曾巩，非常钦佩王羲之勤学苦练的精神，特意写了一篇《墨池记》来赞美他。

王羲之的老师是当时非常有名的卫夫人。卫夫人名铄，字茂猗，擅长钟繇的楷书。王羲之长大后，游历名山大川，看到前代书法大师如李斯、曹喜、钟繇等人的墨迹，又去洛阳观看蔡邕的《石经》，感触非常深。他觉得单独学习卫夫人的字难以成大器，他决定向前人留下的石碑学习，博取众家之长，独创一体，自成一家。

功夫不负有心人，几年来辛勤的汗水换来了丰硕的成果，王羲之的篆、隶、草、行、楷各种书体，都达到很高造诣，尤其擅长隶书和草书。他的隶书被认为是“飘若浮云，矫若惊龙”。他博采秦汉以来篆、隶、草等各书法家的长处，融会到真行草体中去，独创了刚健中正、流美而静的新体。这种新体是当时书法的最佳体势，开辟了书法的新天地，受人欢迎，被人推崇。人们十分喜爱和珍视他的字，能得到他的字都觉得很荣耀。据说，山阴（今浙江绍兴）有个道士十分喜欢王羲之的书法，想求他给抄写一部《道德经》，可是又不能无缘无故地开口求王羲之。他听说王羲之喜欢白鹅。王羲之认为写字时要集中精神，姿势端正，好比白鹅游水，把全身的力气都用在两掌那样，运笔时要把手指、手腕以至全身的精力，都贯注到笔尖，这样写出来的字才见功力。那个道士知道这些后，特意喂养了一群白鹅，并经常到王羲之出没的地方去放。一天，王羲之坐船从这里路过，看过这群美丽的白鹅，他爱不释手，就对道士说：“你把这群白鹅卖给我好吗？”

那个道士笑着说：“我的鹅不卖，但如果您替我抄写一部《道德经》的话，我可以全部白送给你。”

王羲之一心想得到那群白鹅，便为道士抄了经书，然后带着白鹅回去了。这就是传说中“书成换白鹅”的故事。

在中国书法史上，王羲之对书法艺术的重大贡献是开辟了草、楷书结合的行书道路。他成功地把草书和楷书结合起来，创立了他的行动的独特风格。他的代表作品是《兰亭序》，这是他三十三岁时，与一些朋友在会稽山阴的兰亭集会时写的，笔法遒劲，端秀清美，有天下第一行书之称。这幅作品到他的七代孙子王智永时，遗付给辩才和尚，后来被李世民得到，藏入皇宫，据说真迹后随葬昭陵。

王羲之之子王献之也酷爱书法，他敬佩父亲，临摹父亲的字。经过一段时间，自以为神似，便请母亲鉴赏，为了试试自己的程度，他将父亲写的一个字上的一点贴在自己的字上。王献之母亲看后，微笑着点点头，说道：看来你这段时间的努力没白费，这一点已经有你父亲的风骨了。王献之一看，母亲所指正是父亲所写的一点。他大吃一惊，再也不敢骄傲自满了。从此他发愤努力，认真磨炼，锲而不舍地练字，直到练字用完了院子里的18大缸水。后来，他的字和他父亲的字一样，都达到了力透纸背，炉火纯青的程度，终于也成了有名的书法家。他继承和发展了王羲之的书法，后人誉之为“小圣”。

知识小述

王羲之父子勤学苦练，锲而不舍地练习书法，终成一代大家。这告诉我们一个人要想取得成绩就必须有所付出，没有刻苦的精神，不接受磨炼是长不成参天大树的。另外，也教育我们无论任何时候都不能骄傲自满，否则一样会自毁前途。

3 郦道元作《水经注》

《水经》是我国古代一部专讲河道水系的地理书，大概成书于三国时候，这本书指出河流发源和流经的地方，可是其中的错误简直是太多了，基本上没有什么使用价值，在北魏年间，有个喜欢地理又当地方官的人郦道元决心改正《水经》里的错误，给它做一本注，以便让人们有一本内容翔实、准确的书。

下定决心后，郦道元就踏上了漫漫征程，他先根据《水经》中提到的许多名山大川进行实地考察，跑了许多地方，不畏艰险地勘察山川形势，还向当地老百姓了解风土人情，参观名胜古迹。有一次，他考察渭水，听说西周的开国元勋姜太公曾经在渭水的支流磻溪钓过鱼，特地去察看了磻溪和当年姜太公住过的石屋，访问了附近的老人，向他们打听有关姜太公钓鱼的种种传说。这样他就掌握了有关渭水和磻溪的第一手材料，在给渭水作注的时候，把这些材料记载了下来，这就使得他编写的《水经注》不但有知识性，更有趣味性了。郦道元游历长安的时候，沿着飞渠走访了仓池。仓池在汉朝旧宫未央宫西边，池中有个渐台。西汉末年的王莽曾经从宫里逃到这里躲避绿林军的追击，有个名叫杜吴的屠夫，提着宰猪用的刀冲上渐台，砍下王莽的脑袋，结束了他的反动统治。郦道元把这段史实也写进了渭水的注文里。

郦道元就是这样跋山涉水，追根溯源，寻访古迹，记录民间传说，把祖国辽阔疆域内的大小河流一一加以介绍。对一些下游流到国境以外的河流，根据有关资料也作了介绍。他还对河道的变迁、名称的更改、河流沿岸的城镇的兴废沿革、地形、矿藏、农田水利设施等等，都作了详细考察和描述。

他除对《水经》记载的河流作了详细注释外，对没有提到的河流也加以补充。《水经注》一共记载了一千二百五十二条河流，比原书扩充了近十倍，文字增加了二十倍，成了一部三十万字、四十卷的巨著。

在这本《水经注》中郦道元还引用了四百三十七种书籍和资料，并且常常由于为了力求词句准确，史料准备，他常常是写了又改，改了又写，发誓一定要到能够准确反映河流水系的面貌，表达出各地山水的不同特征，才肯停笔。《水经注》写作了好多年才完成，郦道元付出了艰辛劳动和所有的聪明才智，奉献给人们一本有实用价值的地理参考巨著。

知识小述

郦道元的《水经注》呕心沥血，行程几百里，只是为了能够给人们献出一部准确的地理著作。他的这种为了求真求实而不辞辛苦实地考察的精神是非常值得我们学习的。在我们研究问题的过程中，如果出现了有疑问或者是不懂的问题，一定要有种钻研的韧劲，有一种打破砂锅问到底的精神，只有这样才能求得真理。要是仅迷信书本是不可能有自己的创新和进步的。

4 贾思勰编《齐民要术》

在北魏著名皇帝孝文帝改革后，北方民族大融合的步伐大大加快了。各族劳动人民在生产劳动中不断地互相学习。少数民族学到了汉族的农业生产经验；汉族也学到少数民族的畜牧业生产经验。

聪明的人们把农业和畜牧业结合起来，使得它们都更快地发展起来了，为了记录这些经验，以便对今后人们的耕作提供指导，就需要有人专门作这样一本农书。贾思勰就出生在那个年代。

贾思勰从小就读过许多书，知识渊博。有一段时间贾思勰在高阳郡（河北高阳县东）做太守，特别注重农业生产。他一方面努力读书，学习前人总结的生产经验；一方面不辞辛苦地深入民间，向农民、老牧民学习生产知识，想让作物都得到更好的收成。有时候，他自己也种些地，养些鸡鸭牛羊。他还把民间关于气候、季节、耕种、畜牧的谚语歌谣收集起来，仔细地加以分析，把合理的内容记下来。贾思勰从书本中和实践中积累了大量资料，为写好《齐民要术》准备了充分的条件。

在《齐民要术》这部书里，贾思勰主张从事农业和畜牧业生产中要注意实际的效果，不要只看到表面的形式。他以养鸡为例，养鸡的人总是喜欢生蛋多的鸡，那就要选秋天或冬天孵出的鸡种，不要选春天或夏天孵出的鸡种。秋冬孵出的鸡虽然个子小，毛色浅，脚也细短，外表不好看，可是生蛋多，又会孵小鸡；春夏孵出的鸡虽然个子大，羽毛光泽鲜艳，脚长得粗壮有力，外表健美，却爱到处逛荡，不爱生蛋。要想多收鸡蛋，就不能被鸡的外表迷惑，而应当从实际效果来选择鸡种。

贾思勰还根据亲身体会，总结出搞农业和畜牧业生产要细心观察，积累经验，根据实际情况因地制宜，因时制宜，而不能光凭自己的好恶乱种乱养，他自己养了一群羊，为了让羊多吃草，多长膘，就往羊圈里放了许多草料，谁知道没多久，羊却一头一头地死了。为了查清原因，他跑了一百多里路，找到了一个有经验的老羊倌，才弄清羊死的原因。老羊倌告诉他，羊是最爱干净的，把大量草料放在羊圈里，许多羊都踩在上面吃。羊边吃边踩，还在草料上拉屎撒尿。这样脏的草料，爱干净的羊怎么肯吃呢！羊吃不饱，就慢慢地饿死了。贾思勰没有摸清羊爱干净的习性，结果办了拔苗助长的事。他把这样失败的经验的也写进了《齐民要术》。

贾思勰写《齐民要术》，还特别注意实事求是。他对古书上记载的，或是道听途说的一些东西，如果是自己没有亲眼见到的，只在书上记个名字，绝对不写种植方法。他的著书原则就是不知道的东西决不随便说。《齐民要术》全书共九十二篇，十一万多字。内容十分广泛，从农作物耕种讲起，一直讲到怎样做醋和酱。凡是有关增加生产改善生活的事情，几乎都讲到了。这部很有价值的农业科学著作，不仅是贾思勰个人的心血结晶，也是我国古代北方劳动人民生产经验的总结，在世界农学史上有着重要的地位。

知识小述

任何一部作品的完成都是要耗费巨大工夫的。贾思勰为了写好《齐民要术》，亲自参加实践活动，根据自己体会到的事物发展和从种植、养殖过程中得到的经验、教训编写，这需要多么认真的精神和顽强的耐力啊！我们做事情时，也要根据自身的情况做出合理的安排，如果只相信长辈的经验有时是很难取得成功的。只有自己动手试一试才会加深对事物的体会，探索到真理所在。

5 李时珍行万里著《本草纲目》

李时珍是我国明朝卓越的药物学家，也是世界上最伟大的科学家之一。他编写的《本草纲目》是当时介绍药物最多、分类解释最细致的药物学巨著，有“东方医学巨典”之称。

1518年，李时珍出生在蕲州(今湖北蕲春县西南)的一个医学世家。

李时珍自幼体弱多病，药不离口。稍大一点他觉得被疾病纠缠住真是太痛苦了，也同情世上那许多深受疾病之苦的人们，于是决心苦心研究医术，成为像父亲那样的良医。

但在封建社会，医生是被人瞧不起的“下贱”职业。李时珍的父亲不希望儿子像他一样当医生，而希望他读书得功名好做官。李时珍在14岁时就中了秀才，这是很了不起的，父亲满怀希望让李时珍继续应考，争取中举人。但天不遂人愿，李时珍接连三次举人考试都名落孙山。没有办法，父亲看到李时珍实在喜欢医学就尽自己所能教授他医道。

由于多病，李时珍自幼吃过许多药，他发现有些药药到病除，而许多药则丝毫没有作用甚至还加重病情。一次，李时珍按照古医书上的配方给病人治病，病人按照药方服药后顿时口吐白沫，不省人事。李时珍反复检查药方，都没有发现错误。李时珍百思不得其解，他又检查了熬药剩下的药渣，才发现这药根本不是自己想开的药，里面的一味药和自己开的药是重名的。后来，李时珍亲自开药、抓药才把病人的病医治好。这件事发生后，李时珍又发现了许多医生按照医书上的药方开药却把病人治死的例子。于是，李时珍开始大量翻阅古籍，看到古书中存在许多非常严重的错误，而且每本书中的错误又不尽相同。他想:“这些书中偶然的几点错误，看起来不是什么大问题，可是却给病人带来了人为的痛苦和危害，甚至能导致死亡。如果不把它们改正过来，那还会有多少人要等着受苦呢？”李时珍当即下定决心要修改古籍，编写出既全面又正确无误的医学药典。

当李时珍将他的想法告诉父亲时，父亲十分赞赏，但又对李时珍说：“要写药书一定要先精通医术，只有先成为一名好的医生才可能写出好的药书来。”

父亲的话给李时珍很大启发，他开始阅读各种医书，从治病的最基本的“望、闻、问、切”四法学起。慢慢地，李时珍的名气甚至超过了他的父亲。一天，楚王府派人特地来请李时珍去王府看病。原来楚王的小儿子得了奇怪的病，手足发颤，这可把楚王心疼坏了，连忙请一道士。那老道说是有鬼神附体，只要吃粒金丹就会好的。没料想，金丹吃后楚王的小儿子反而病情更加严重了。楚王大发脾气，痛打了道士并将道士赶出王府。他的家人说李时珍是个名医，不妨请来一试，于是，楚王派人将李时珍请到了王府。李时珍一看小儿子的脸色，再一号脉立刻就断定不是什么大病，只不过受了风寒。三剂药一吃，楚王的小儿子立刻就又活泼如初了，这可把楚王乐坏了，连声称赞他是神医，并挽留他在楚王府当了一名医官。

李时珍是个不喜欢做官的人，但在楚王府里有许许多多的药书，有各种各样的药材，他可以任意使用，为此李时珍在王府里留了一段时间。不久，嘉靖皇帝向天下寻求长生不老之药，楚王为了讨好皇帝就将李时珍推举到了皇宫太医院。但李时珍不喜欢黑暗的官场。就辞官回家著书了。

他开始到民间走访，请教大夫、老者、渔夫、樵夫、农民等，收集了大量的宝贵资料。为了了解各种新药的药效，他不顾生命危险亲自试药。

1565 年起，李时珍到民间走访，收集标本和药方。1578 年，60 岁的李时珍经过 27 年的编写工作，终于完成了《本草纲目》一书。李时珍为编《本草纲目》阅读了 800 多种书籍，走了几万里路，请教过上万人，记下了几百万字的笔记。此书分为 16 部 60 类，190 多万字，共载有 1892 种药物，附有1万多个药方，纠正了古籍中的错误，李时珍为这部书耗尽了毕生精力，书成不久就去世了。郭沫若称《本草纲目》是："医中之圣，集中国药学之大成。"

李时珍凭着治病救人、让病人少受痛苦的信念耗费27年的精力，坚持不懈地追求自己的理想写成了内容丰富、规模宏大的《本草纲目》，而他也因此受到后人的敬仰。后来，《本草纲目》还被译成多种文字在全世界流传，直到今天还在医学上发挥着重要的作用。

知识小述

李时珍在60岁高龄的时候，仍旧凭借着一种坚定的信念和顽强的毅力行万里路编《本草纲目》，他不辞辛苦，跋险山，涉恶水，花了整整27年时间。人的一生能有几个27年啊，而李时珍却有勇气、有信心为了自己的理想不懈地的努力着、探索着、追求着，直至成功。我们学习、做事情的时候，也要不知疲倦，不知放弃，这种忘我精神正是指引你人生走向成功的灯塔。

6 徐霞客踏千山写《徐霞客游记》

徐霞客名弘祖，是将阴梧塍里人。他的高祖徐经和唐寅一同应乡试中举人，后一起因考试作弊而被取消资格。徐霞客生在乡里，却奇情充沛。十分喜欢山水，他觉得种田侍奉老母亲，出钱请人代替服劳役，就好像笼子里的鸟一样，得不到自由，于是总是向往着外面的世界。

30 岁的时候，母亲让他出游。每年的夏、春、秋、三季出游，秋冬天冷的时候，拜望长辈，把这当作常例。东南地区美丽的山水，像东西洞庭、阳羡、京口、吴兴、武林；浙西的径山、天目，浙东的五泄、四明、天台、雁岩、东海落迦等山都是他十分熟悉的地方。有去过两三次的，有去过多次的，没有只去过一次的。他出行只带着一个奴仆，有时是和一个僧人作伴，只有一根拐杖，一件包袱。不刻意整束行装，不包裹食物；能忍受饥饿几天不吃饭；能遇到什么食物就吃什么食物；能徒步跑几百里。经过几次出游，他攀登陡峭的山壁，踏过丛林的竹林，空中横渡山谷，像拿绳索打水一样。敏捷得如同猿猴，强健得如同黄牛。徐霞客经常把高峻的山岩当作床席，用山中的溪水饮食沐浴，把山魅、木客、猴子、大猿当作伴侣。在平时，他总是一幅昏昧柔弱的样子，好像不怎么会说话；可一旦和他讨论辨析山水的脉络，搜寻探讨各地的形胜，就突然变得能言善辩起来。平常也未曾写过华丽的文章，但出游到几百里的地方，却能靠着破壁枯树，点燃松枝干穗，拿笔飞快地记录，写出的东西好像是记得清清楚楚的账目，好像是高手画的美丽的图画，即使是很会写文章的人也无法超过他。

母亲去世，服丧期满后，他更加放开心志浏览远方。在福建拜访了黄石斋，看遍了福建的胜山，都不是当地人所熟知的。登上了罗浮山，拜谒了曹溪，回来又在黄山追访黄石斋。来回上万里，好像是在近处漫步。从终南山走峨眉山，跟从山中的百姓采药，住在山洞里面，八天没有吃到熟东西。到了峨眉山下，正碰上战争，他没有办法再往前走了，只好返回。但是徐霞客并没有因战乱而放弃出游，过了不久，就见他一个人带着炊具，寻访了塞外的常山，走遍了北方险要的关塞，回来去拜访朋友，开心地谈论四游、四极，九州、九府，纵横变化，清楚地好像是谈论手掌中的事。说从前人记载天文地理，很多都是抄袭附会，只有实际走上一遭才发现其中的谬误，心里的疑惑也得以解开了。长江黄河两条经脉，山与水两者之间的界限，从有记载以来，大多于中原之内，但是徐霞客这一行，发现两条大河并不是发源于中原，所以他就打算浏览昆仑山等中原以外的地方，一直到西北沙漠地区才回来。后来他与友人共同乘坐一艘树叶般的小船，大雨淋湿了小船，邀请他上岸，不愿意。说："这就好比山泉猛下，撞击肩和背，实在是快活啊。"

后来，他又考查了中国的水系，走遍了大江南北，西域群山，他的文章有好几万字，都是订补桑钦《水经》和郦道元的《水经注》所没提及之处的。

徐霞客回到云南后，脚生病不好再走动了，于是便静下心来修撰《鸡足山志》，三个月以后修撰完毕，他写完以后，觉得自己没什么遗憾，在五十六岁的时候因病去世了。

知识小述

徐霞客跋千山，涉万水，是中国早期的一位旅行家和探险家。他的伟大之处在于著了一本《徐霞客游记》，将中国山川大河的情况又重新作了一回描述，并且更正了以前地理类著作中存在的许多谬误之处，为后人留下了一部文笔优美，内容翔实、准确的书籍。徐霞客探险的坚强意志和勇敢的精神，与自然斗争的魄力激励着热爱地理事业的人们。

历史上修德重节的故事

泱泱中华，礼仪之邦。周公作《周礼》伊始，千载而下，礼仪品行成为士农工商都极为推崇的行为规范。“人无信而不立”，“一诺千金”，让人们懂得诚信是人生的基石；“满招损，谦受益”，“生而不有，为而不恃，功成而不居”，让人们明白谦虚是成功的密友……教育学家告诫有志青出于蓝而胜于蓝的少年朋友们，“要成才，先成人”。品德，是你塑造自我的开始，是助你走上美好人生的终极力量！

1 诸葛亮挥泪斩马谡

公元228年，蜀国丞相诸葛亮，继承刘备的遗志，再次发动北伐中原的战争。蜀军突袭祁山，连取南宋、天水、安定三郡。魏明帝曹叡慌了手脚，决定御驾亲征，还启用司马懿统领军队，大将张郃做先锋。

诸葛亮知道司马懿智勇双全，不好对付，就认真研究地形，盘算魏蜀两军可能交战对阵的地方，然后排兵布阵。他发现一个叫街亭的小地方，是战略要塞，蜀军如果能够占据这个地方，将来才能直接逼近魏国的核心，即使北伐失利，这儿也是退守的必经之地。谁可以去把守街亭呢？诸葛亮很犹豫，他对魏延等人不太放心。这时有个叫马谡的大将主动请缨。诸葛亮对马谡也有些疑虑，马谡读书很多，口才好，讲起兵法来头头是道，他一直很器重马谡，但刘备死的时候嘱咐过他：马谡言过其实，不可大用。马谡是不是能够担当大任呢？马谡见诸葛亮有些怀疑自己，就说他愿意用性命立军令状，保证有胜无败。诸葛亮鉴于马谡的求胜心切，就决定搏一搏。他同时让王平做马谡的副将，王平虽然大字不识，但为人谨慎，有丰富的作战经验。

马谡率军来到街亭，发现这是很荒僻的地方，就有些不以为然，说："丞相太多心了，这个地方如此蛮荒，魏军哪敢来？"他勘探地形，发现路口一侧有一个山头，这山和其他几面都不相连属。马谡决定到山头驻扎。但王平认为应该在路口扎营。马谡不听。王平说，要是人家围住山口，你缺水少粮，必定失败。马谡说："你看，这是天险所在，居高临下，势如破竹。如果魏军断我水源，《孙子兵法》说过，‘置之死地而后生’，我们的将士必定拼死作战，以一当十，势不可挡。”王平要求自己分一部分军队驻扎山下，马谡拗不过，就答应了。王平率一个小分队驻扎在山下十多里的路口，而马谡自己率大部人马山上扎寨。他跟王平说：“将来事成之后，论功行赏，你不要和我分功。”

司马懿打探到马谡的阵势后，派张郃阻断王平，又派人马围住马谡，但并不立刻攻打，只是切断他们的水源，还四处放火烧山。蜀军没水喝，又被大火熏烧，军心大乱，纷纷下山投降。马谡约束不了军队，只能率兵突围，被司马懿打得落花流水。后来王平、魏延等人几次想夺回街亭，都损兵折将，没能成功。

街亭失守，使本来处于有利地位的蜀军转为劣势。诸葛亮被迫撤退。谁料冤家路窄，途中又遇到司马懿率领的魏军主力。诸葛亮大摆“空城计”，才侥幸化险为夷，安全退回汉中。

北伐失败，总要给大家一个交代。诸葛亮很是为难：根据军法，马谡当斩。但马谡毕竟是一员大将。关羽、张飞死了，赵云老了，蜀中人才寥落。假如宽恕他，又怕军法废弛。

诸葛亮叫来马谡，说：“为了严明军法，我不得不处死你。但你的家人，我一定仔细照顾。”马谡哭着回答：“我有罪当斩，如果丞相能善待我的后人，我死而无憾。”诸葛亮说：“我们义同兄弟，你的儿子就是我的儿子，你就不必挂心了。”马谡被推出去斩首示众。

当诸葛亮对着马谡的人头的时候，又想起刘备临终的交代，泪如泉涌，痛心大哭。他立即给后主刘禅写了一封信。信中说：街亭失守，直接造成了北伐的失败。作为主帅，自己用人不当，治军不严。恳请降职三级，以示处罚。他还要求刘禅将自己的严重错误向其他大臣通报。

于是，诸葛亮被从丞相降三级，作为将军统领军队。诸葛亮严于律己的美德被传为千古美谈。

知识小述

马谡懂得很多军事知识，但是却是个不善于在战场打仗的人，是个只会纸上谈兵的人。他的骄傲自大使他听不进正确的意见。致使街亭失守。致使整个军事计划受到严重挫折。诸葛亮觉得马谡是个人才，就没有听从当初刘备的劝告交给他重要的任务，结果输了关键战役，输掉了整个北伐，诸葛亮深知自己的过错，他没有像别的将帅那样把错误归到别人头上而是自贬三级。诸葛亮执法严明、严于律己的作风，深深折服了整个蜀国上下，赢得千古颂扬。

2 汉季布一诺重千金

西汉初年有一个叫季布的人，他为人正直，乐于助人，非常讲信义。只要是他答应过的事，无论有多少困难，他也一定会想方设法办到，所以在当时名声很好，大家都非常信任他。

在楚汉之争时季布曾经是项羽的部将，他很会打仗，几次把刘邦打败，弄得刘邦很狼狈，也让他一直为所受的“侮辱”耿耿于怀。后来项羽在垓下被围自杀，刘邦终于彻底打败了对手，当上皇帝。可是每想起败在季布手下的事，就十分生气。愤怒之下，便下令缉拿季布。

这时候早已有个朋友秘密地将季布送到山东一户姓朱的人家。朱家很欣赏季布的侠义行为，尽力将季布保护起来。不仅如此，还专程找人向刘邦说情，求他放过季布。来说情的人都对刘邦讲当时季布是项羽的部将，当然会为了自己的队伍拼命作战，这正是为了报答项羽信任自己的情义啊。这样忠心的人怎么能杀掉呢？

刘邦听后不仅赦免了季布，还封他做了大官。

当时，楚地有个名叫曹丘生的人，能言善辩，专爱结交权贵。季布和这个人是同乡，但是因为曹丘生的品行不端正，所以很瞧不起他。偏偏曹丘生听说季布又做了大官，一心想巴结他，特地请求皇帝的一个亲戚写一封信给季布，介绍自己结识季布。

季布读了信后，很不高兴，准备等曹丘生来时，当面教训教训他。过几天，曹丘生果然登门拜访。季布一见，马上露出了厌恶的神情。但曹丘生一脸满不在乎的样子，先恭恭敬敬地向季布施礼，然后不紧不慢，不慌不忙地说："我们楚地有句俗语，叫做'得黄金百两，不如得季布一诺'。您是怎样得到这么高的声誉的呢？我们都是同乡，如今我在各处宣扬您的好名声，这难道不好吗？您又何必不愿见我拒人于千里之外呢？"

季布听后觉得曹丘生说得也是很有道理的，就勉强款待他几个月。曹丘生临走时，季布还送他许多礼物。而这个小人物曹丘生这回也信守了自己的诺言，他每到一地，就宣扬季布如何礼贤下士，如何仗义疏财。如何重情重义，这样，季布的名声越来越大了，也越来越受人尊敬。

知识小述

所有的人都喜欢和注重信用的人交往，当谈到某个人名声时，我们总是会首先肯定他是个遵守承诺的"诚实而且正直"的人。像季布那样对朋友讲信义，重名节的人，当他遇难的时候有人帮助，甚至当年的敌人也原谅他，这都是诚信给他带来的好处，都是诚信才能让他得到大家的爱戴和尊敬。诚实，是人生的基石，是成功的开始。

3 孔夫子从师项橐

一天，孔子率弟子周游列国时，路上遇到一群孩子在大路中间玩耍，而有一个小孩子默默在一边，没有加入进来。而是自己用泥土堆城堡玩耍，孔子就停车问："小朋友，你叫什么名字？为什么不和大家一起玩呢？"

小孩子抬起头来说："我叫项橐，没有加入他们的游戏，因为游戏没有多少好处，还有可能把衣裳弄破了，很难缝补的。"孔子非常赞叹，告诉身边的弟子说："你们看，这么小的孩子就知道减少父母的烦忧，我们成人怎么可以连孩子都不如呢？"

孔子对项橐说，"小朋友，我们要走了，你避一下车子，好吗？"项橐仰头回答说："都说夫子懂礼呢，从古到今，我只听说过车子要绕城走，没有听人说过城堡还要避车子的！"

孔子一惊，非常惊讶慌忙下车，向小朋友施礼道歉，感叹地说："你这么小的年纪，懂得的道理真不少啊！我好幸运啊，自己的过失人人都看得见，并且乐意帮我指出来。谢谢你，小朋友，你提醒我要更好地检点自己。"

小孩子听后，回答说："我听人说，鱼生下来，三天就会游泳，兔生下来，三天就能在地里跑；马生下来，三天就可以跟着母马奔行，这些都是自然的事，有什么大小可言呢？"孔子一听非常感慨："年轻人真是越来越厉害了，真是后生可畏啊！"

后来三字经上说："昔仲尼，师项橐，古圣贤，尚勤子。"孔子不仅自己谦恭守礼，还特别注意对儿子孔鲤的教育。一天，孔子一个人站在庭院里，看见儿子走过，突然叫住他，问："学《诗》了吗？"孔鲤老实地说："没有。"孔子就告诉他："不学《诗》，无以言。你怎么才能学会文雅地开口说话啊！"于是孔鲤退下来，仔细学起《诗》来。又有一天，孔子又把儿子叫来问："学礼了吗？”孔鲤说：“还没有。”孔子语重心长地说：“不学礼，无以立。你凭什么在社会上立身啊？”孔鲤于是退下刻苦学起礼来。

不学《诗》，无以言。不学礼，无以立。这是孔子在庭院里对儿子的教导，今天有个词叫“庭训”，就是来自这个故事。

知识小述

孔子被称为“圣人”，不仅是中国人民自己的道德标准创立者。他的思想还影响到了整个东亚地区，成为共同的礼仪规范。然而，就连这样的一位圣贤都不会自高自大，都会说“三人行，必有我师”的话而且就连一个小孩子的教导都能听得进去，这种谦虚严谨的态度是值得我们学习的。不要以为自己有些知识就了不起，开始骄傲自大起来，人只有谦虚谨慎才能取得更好的成绩！

4 张良拾履得兵书

在刘邦打天下时，张良这个智勇双全的人物起到了至关重要的作用。如果没有他的出谋划策，西汉王朝的建立恐怕还是要费一番周折的。留侯张良，他的祖先是韩国人。死后二十年，秦国消灭了韩国。因为张良年轻，未尝做过韩国的官吏。韩国灭亡时，张良家有僮奴三百人，因他祖父、父亲历任韩国五代国君之相的缘故，他的弟弟死后没有厚葬，而是用全部家财来寻求刺客暗杀秦王，为韩国报仇。

张良曾在淮阳学礼仪。有一次，他在淮阳的东面见到仓海君，找到一个大力士，给他做了一柄重一百二十斤的铁锤。秦皇帝向东巡游，张良与刺客在博浪沙中狙击秦皇帝时误中了随行的车辆。秦皇帝非常愤怒，命令大搜天下，紧急捉拿刺客，由于这次刺杀行动完全失败了，张良就只好逃亡，于是张良更名改姓，逃亡到下邳躲藏起来。

有一个早上，张良一个人出去散步，他来到泥水桥下，瞧见有一个老翁，穿着粗布短衣，走到张良的身边，故意把他的鞋掉到桥下，回过头来对张良说："小伙子，下去把鞋拿上来。"张良感到惊讶，也很生气，就想打他一顿。因为他年老，就强忍着下去取上鞋来。老翁说："给我穿上。"张良想既已为他取上鞋来，因此也就跪下为他穿上。老翁把脚伸出来让张良穿好，然后笑着走了。张良很吃惊，望着老人离去。老翁离开一里多路后又返了回来，说："小伙子可以教导。五天以后的早晨，和我在这里相会。"张良感到他很奇怪，跪下说："是。"五天以后的早晨，张良前往赴约。老翁已经先到了，他看见张良后，生气地说："与老年人约会为什么迟到？"说完后，老翁扬长而去，并说："五天以后早点来相会。"五天以后鸡刚刚打鸣张良就去了，可是意想不到的是，老翁又已经先到了，他又生气地说："为什么又迟到？"扬长而去，并说："五天以后再早点来。"五天以后，张良在还不到半夜时就前往赴约。过了一会儿，老翁也来了，高兴地说："应当像这样。"于是拿出一本书，说："读了这本书就可以做帝王的老师。十年以后就会有所成就。十三年以后你到济北来见我，谷城山下的黄石就是我。"说完就走了，也没有再说其他话，从此也没有再见过他。天亮后张良看老翁给的书，是《太公兵法》。张良很珍贵它，并经常学习诵读它。

以后，张良辅佐刘邦，消灭秦朝，打败项羽，被封为留侯，十三年后张良跟随刘邦从济北经过，果真看到谷城山下有一块黄色的石头。于是建造了庙宇，把这块黄石供了起来。张良死后也葬在这里，世称"黄石冢"，每年都有人祭奠。

知识小述

想要学习到知识，就必须表达出自己对老师的尊敬。这不仅是你个人道德修养的高低问题，更代表了你谦虚好学的态度。尊敬师长自古就是中华民族的美德之一，对自己的老师不敬爱有加的人是会让大家为你的行为所感到耻辱的，而且也打动不了老师，无法学习到更多的知识。

5 杨时立雪成大儒

北宋年间，大学问家程颢、程颐兄弟二人，在洛阳设坛讲学，弘扬儒家经典。一时间，很多读书人慕名而来云集洛阳，想拜到二程门下研习学问。福建的杨时听说后，也不远千里，赶到洛阳，拜程颢为师。

年青时的杨时虚心好学，能够潜心钻研学问，深得程颢的喜爱。杨时也十分敬重自己的老师。寒来暑往，当杨时完成学业准备回家时，程颢目送他远去的背影感到非常欣慰。

杨时回到家乡依旧苦学不辍。四年之后，程颢病死。身在南方的杨时听到噩耗，悲痛异常，不能自已。他在自己的书房中为程颢设立了灵牌，按时祭奠。同时他还写了许多信给他的同学，告知老师逝世的消息，缅怀老师的培育之恩。

尽管杨时的学问已经十分渊博，但他做学问仍然谦虚谨慎，并且从未放弃对自己学业上的要求。为进一步学习知识，40 岁的时候，他又去拜程颢的弟弟程颐为师，继续学习生涯。

一个冬天的中午，杨时在读书时遇到疑难问题。他跟同学游酢讨论半天，都不能给出一个圆满的答案，便一同到程颐那里去，向老师求教。

赶到的时间很不巧，老师正在睡午觉。仆人便请他们进屋去坐，并要替他们唤醒程颐。杨时立即阻拦说：

“老师近来连日讲课，十分辛苦，万万不能因我们影响老师休息，我们还是在门外等候吧。”于是，杨时和游酢站在门外，耐心地等待老师醒来。这时，天上飘起鹅毛大雪，越下越大。他们站在门外，雪花在头上飘舞。凛冽的寒风，冻得他们浑身发抖，但他们仍然站在外面等着。

过了许久，程颐方才醒来。他推门出去准备透口气，这才发现杨时、游酢二人，已经在雪地里等了好久，都快冻成雪人了还毕恭敬地站在雪地上，脚下的积雪已经有尺把厚了。

杨时这种尊敬老师的优良品德，一直受到人们的称赞。正是由于他能够尊敬师长，虚心向老师求教，学业才进步很快，后来终于成为一位全国知名的学者。四面八方来向他求教的人，都不远千里地来拜他为老师，大家尊称他为“龟山先生”。

知识小述

尊敬老师，不但要从心里对老师表示爱戴，崇敬，更要在行动上表现出来。如果说尊敬只是说在嘴里，那你的这种品德谁都不会看到。杨时程门立雪的故事之所以受到后人的赞赏，就是因为尽管杨时学问高深，却仍然敬爱自己的师长，仍然觉得自己有不如老师的地方，仍然能够虚心地向老师请教问题，这是现代许多人都做不到的。不论何时，老师都是点亮你智慧的明灯，你都应当像尊敬自己的父母那样尊敬他们。

6 晏婴使楚不辱使命

春秋时代，齐国的晏婴是一位很有才干的国相。听说他要代表齐国出使楚国，楚王就对身旁的谋士们说："晏婴在齐国是有名的能言善辩之人。现在要来楚国，我想当众羞辱他一番，你们看有什么好办法呢？"于是他们商议出了一个坏主意。

这天，晏子如期而至，楚王设宴款待。当酒兴正浓时，忽见两个差役押着一个被绑着的人来见楚王，楚王假装不知地问道："这人犯了什么罪？"差役赶紧回答："他是齐国人，到我们楚国来偷东西。"楚王于是回过头去看着晏婴，故意装作很惊讶的样子问："你们齐国人都喜欢偷东西吗？"

晏婴早已看出了楚王是在演戏，这时便站了起来，极其郑重而严肃地对楚王说："我听说橘树生长在淮河以南时就结橘，如果将它移栽到淮河以北，结的果实就变成又酸又苦的枳了。虽然它们的叶子长得十分相似，可是所结果实的味道却大不相同啊。这是什么原因呢？原来是水土不同的缘故啊！殿上的这个人在齐国时不偷东西，到了楚国后却学会了偷盗，难不成是楚国的水土会使人变成盗贼吗？"一席话噎得楚王尴尬极了，只好赔笑装糊涂地将这场闹剧收了场。晏子完成自己的使命后就回国了。

过了不久，晏婴又被派往楚国出差。楚王没有忘记上次宴会上的难堪，总想找个机会报复一下。他知道晏婴的身材十分矮小，于是就吩咐在城门旁边另外凿开一扇小门。当晏婴到来之后，侍卫便让他从小门进去，晏婴见状，立刻严肃地说道："只有出使狗国的人，才会从狗洞中爬进爬出。我今天是奉命出使楚国，难道也要从这狗洞中进去吗？"侍卫们不知道说什么来回答他，就只好眼睁睁看着晏婴从大门正中昂首阔步地进了城。

晏婴在拜见楚王时，楚王又用嘲讽的语调说："齐国大概没有多少人吧？"

晏婴闻言，迅速反驳道："我们齐国仅都城临淄就有居民七八千户，街上行人摩肩接踵，人人挥袖就可遮住太阳，个个洒汗即如空中下雨，您怎么能说齐国无人呢？"

楚王听罢，进一步用挑衅的口吻发问："既然齐国人多，为什么总是派遣你这般矮小的角色做使臣呢？"

晏婴对楚王的无礼早有思想准备，他冷笑了一下应道："我们齐国派遣使臣的原则是视出使国的情况而定，对友好的国家就派好人去，如果出使国的国王粗野无礼，就派丑陋无才的人去。我在齐国是最丑陋无才的人，所以总是被派作出使楚国的使臣。"一席话再次使楚王无言以对哭笑不得，从此他再也不敢小看晏婴和齐国了。

知识小述

一个人总是有某些方面的缺陷和弱点的，而这些往往都是被别人嘲笑和轻视的根源。但是，如果我们能够正视弱点，有自强自爱的精神和机智的头脑来化解弱点，就会得到别人的尊重。而那些自以为聪明的人，其实是愚蠢透顶；如果总是想侮慢他人拿他人的弱点自己取乐，到头来必然会搬起石头砸自己的脚，不仅使自己尊严扫地还会吃大亏。

虽然终军很年轻就去世了，但是他的报效国家的勇敢精神却激励着一代又一代的有志青年。

历史上发明创造的故事

也许祖先没有赐予我们高大强壮的身体，也没有赐予我们豹的速度，但是，却给我们留下了无穷无尽又至高无上的财富——智慧。

当中国人农耕文种，谱写文明时，有些外国人还在茹毛饮血，甚至有些地区还没有人类的痕迹；

当中国人进入先进的农业社会，制造出精美的艺术品时，有些外国人还在残暴的奴隶制下苦苦生存；

当中国人创造出精密的仪器，准确地测量天文时，有些外国人还不明白“科学”是怎么一回事……

我们的祖先，带给世界的惊讶实在太多了，多得让他们以为中国是一个黄金铺地、白银成海的国家。

的确，在古代，我们的科学技术首屈一指，我们的发明创造也取得举世瞩目的成就。作为中华儿女，我们有义务牢记祖先的光荣，并且，将这种荣誉深藏在心，努力将它发扬下去。

1 木匠祖师鲁班

鲁班是我国古代著名的土木建筑工匠，也是一个相传有许多创造的杰出发明家。在我国，鲁班深受人们的景仰和爱戴，一直被土木工匠尊奉为“祖师”。传说，鲁班发明了云梯、战舟、磨、碾子、钻子、锯子、刨子等工具，大大提高了我国古代工匠们的劳作速度，更大大提高了物品的质量水平和美观程度。

鲁班姓公输，名般，春秋时代鲁国人，古时“般”和“班”通用，所以人们也常叫他鲁班。鲁班改进和发明了很多工具器械，在《物原》、《古史考》等古籍中都有所记载。

一次，鲁班和其他一些工匠奉命建造一座规模宏大的宫殿。宫殿造到一半时，木料不够用了，眼看着工期一天天地逼近，工匠们没办法，只好放下手中的活儿上山采木料。大家起早贪黑地用斧子砍木头，进程很慢。可是即使累得要死要活的大家也不能停下来，因为如果延误了工期，所有的人都会受到皇帝的惩罚。这一下子可使鲁班犯了愁。斧子砍木头，效率实在是太低了。所以鲁班就想研制出一种新工具，来加快伐木的速度。一天，鲁班照常上山采木料，途中突然摔倒了，他下意识地抓住身边的小草。当他把草松开时，发现手上竟被小草拉了深深的一道口子。仔细一看，原来这种草和其他的草不一样，叶子边缘有一排又尖又细的齿。他眼前一亮，心想：“如果用一片特别大的这样的叶子来伐木，那会不会很省劲儿呢？”他上山后，找到一块竹子，把它边缘削成齿状，用来伐木。竹片轻而易举地就把木头割断了，但用了一会儿后，竹片上的竹齿都变钝了。鲁班明白这是因为竹子太软了，要找一种质地坚硬的材料来制造这种工具。他下山后，让铁匠按照他的想法打出带齿的铁片，再在两端安上木柄，这样第一把锯子就诞生了。后来他们又造了许多锯子，伐木头又快又省力，宫殿提前完工了。还有一次，有一个国家想去攻打另一个国家，于是就请鲁班给他们造一种方便攻城用的高梯子。鲁班想，普通梯子是搭在墙上的，如果被人从上面掀翻梯子事件很危险的事，于是他就苦思冥想了许久，突然灵光一闪，马上动手制造了一个能“站立”的梯子，即两个梯子相互支撑在一起，上面还可以坐一个人，因为这种梯子非常高，像高耸入云似的，所以他称它为“云梯”。虽然云梯的诞生是因为战争，但在今天，盖房子却离不开它。

知识小述

虽然鲁班没有什么惊天动地的科学发明，但他却被工匠奉为“祖师爷”，他一生所创造的东西也是普通人所离不开的。他的故事告诉我们，要想有所发明，有所创造，并不一定要去研究特别难的问题，有时候发明的灵感都是从生活中来的。所以，只要仔细观察生活，在某些本来不怎么起眼的地方多留心一下，没准哪天你也会有奇思妙想，成为一名小小发明家的。

2 蔡伦改进造纸术

远古时候，人们通常使用的是结绳记事法，就是在绳子上打上大大小小、密密麻麻的结来代表事情的轻重缓急。后来文字符号就出现了，人们能够记录的内容也就丰富起来。最初人们把字凿刻在龟甲兽骨上，这是甲骨文。到了商周时期，就把重大事件记录在器皿上，即把字铸在青铜器上，这就是金文，或叫钟鼎文。春秋时候，笔出现了，刀笔并用，把字刻或写在竹简木牍上。但是木简木牍太笨重，据说当时有一个大臣上朝奏事竟用了三千多片竹简堆在宝殿上跟堆小山似的。所以人们又把字写在绢帛上。秦汉时候，绢帛和简牍并用。绢帛虽然轻便，但价格昂贵，所以人们一直寻找一种像绢帛那样轻便而价钱又便宜的东西用来写字。西汉时候，已经出现了一种用麻造的纸。这种麻纸很粗糙，不适宜于写字。

蔡伦字敬仲，是东汉和帝刘肇至安帝刘祜时候的一位宦官。他看到写字用的简牍太笨重，绢帛太昂贵，而当时已有的麻纸又不适宜于写字，就下决心一定要造出一种既便宜又便于写字的纸来。

蔡伦先仔细研究了前人造纸的经验，知道了制造麻纸的原理就是把麻的纤维捣烂，压成薄片。因为工艺很简单，造出来的纸就很粗糙。蔡伦想，如果把工艺搞得精细些，造出来的纸也许就会细致些而便于写字了。于是他开始把麻捣得很烂，压成很薄的纸。但是不够理想，因为麻里面还有不少粗纤维捣不烂，所以做成的纸仍然不适宜于写字，并且把能织麻布用的麻来造纸，成本还是很高的。这次试验失败了。

后来蔡伦一想，麻能造纸，是因为它有纤维，能粘在一起，那么破布、破渔网、树皮、麻头等不值钱的东西，也都含有纤维，是不是也能用来造纸呢？想到这里他又开心起来，又动手去做试验了。他把破布、破渔网、树皮、麻头等东西收集起来，先泡在水里，洗去污垢，再放在石臼里捣烂成浆，然后压成片，做成了纸。这一次他成功了，现在的纸已经可以用于书写了。而且这样用不值钱的东西做原料造纸，纸造成了，成本也降低了。但是先前的缺点还存在，仍有一些捣不烂的纤维混在里面，做成的纸还不够光洁，写起字来还是很难受。

为了把纤维捣得更烂，使造出来的纸更加细腻光洁，蔡伦又在造纸用的破布、破渔网、树皮、麻头等原料中加进了带腐蚀性的石灰等东西，一起放在石臼中舂捣。结果，不但原料捣得更烂了，并且还意外地出现了漂白效果，使得捣成的纸浆变成了白色。可是用这样的纸浆直接压制成的纸，仍然不能除掉那些实在捣不烂的粗纤维，并且由于放了石灰等东西，做成的纸又出现了许多细小的颗粒。

看到试验已经有了些进步，蔡伦又接着做。他把捣烂了的纸浆兑上水调稀，放在一个大木槽里，然后用细筛子去捞那浮在上面较细的纸浆。等细筛子结了一层薄薄而又均匀的纸浆以后，把它晾干，揭下来就成了一张洁白细腻的纸。就这样蔡伦改进造纸术的试验终于成功了，他造出了便于写字用的纸。

这时候是汉和帝元兴元年（公元 105 年）。一个值得纪念的伟大日子。

蔡伦把自己改进造纸术的经过上奏汉和帝。汉和帝听了很高兴，叫蔡伦继续改进，扩大造纸的规模，造出更多更好的纸来。蔡伦没有辜负汉安帝的信任，果然造出了更多更好的纸。蔡伦在汉安帝的时候被封为龙亭侯，所以人们就把蔡伦造的纸叫做“蔡侯纸”。

后来蔡伦将造纸术传入了民间，工匠们也发挥智慧，又不断地加以改进和完善，所以造出来的纸越来越精美。造纸用的原料，也因为各地方的出产不同，又有所扩大，如出产藤的地方，用藤皮作造纸原料；出产竹子的地方，用竹子作造纸原料；出产楮树较多的地方，用楮皮造纸；沿海地方，用海苔造纸。就这样纸张的品种丰富起来了，人们终于能用上又便宜又好用的纸了。

蔡伦改进的造纸术，最早传到东邻朝鲜，通过朝鲜再传到日本。大约在唐朝的时候，造纸术通过西域传往欧洲。而在欧洲，当时还在使用羊皮记事呢！中国造纸术比欧洲先进了一千年！中国四大发明之一的造纸术，传遍了全世界，为世界文化的流通，传播和发展做出了重大的贡献。

知识小述

在东汉之前，就涌现出了一大批杰出的史学家和书画家。但是到了蔡伦改进了造纸术后，随着文化传播的方便化，越来越多的书画艺术大家涌现出来了。从此中国即将迎接第一个文化高峰——三国两晋南北朝时期。这不能不说，是有蔡伦的一份功绩在里面的。作为一名中华儿女，我们不能不为祖先深厚的智慧所折服。有时候一个看似简单的创造，也是凝结了无数心血的结晶，它还可能是推动整个民族甚至是世界的发展的重要力量。

3 张衡发明地动仪

在震惊西方世界的天文学家哥白尼、开普勒、伽利略出现之前一千多年，我国诞生了一位伟大的天文学家，他的名字叫张衡。

张衡 (78—139)，字平子，东汉南阳西鄂 (今河南省南召县) 人。张衡的祖父叫张堪，曾任蜀郡太守。到张衡这一辈时，家境没落了，生活比较贫困。但是，正是这种清贫的生活激励了张衡自幼勤奋好学，奋发向上的斗志。他从小就读了很多书，文章写得很出色。为了开阔眼界，求得一些新鲜的知识，十七岁那年，张衡离家到外面游历。他先是到西京长安 (今西安)，后又到当时的京都洛阳，就读于最高学府——太学。

长安和洛阳都是当时最繁华的城市，城里的官僚贵族过着奢华糜烂的生活，根本不顾天下的老百姓在受冻挨饿。张衡看到后，心里十分气愤。由于他是比较有名气的人，所以许多官员请他去做客，但是他拒绝许多官僚贵族的召请，只认真研究学问。他说：一个人不应该担心自己的地位不高，应该担心自己的品德不高尚；不应该为了收入少而害羞，应该为知识不广博而害羞。正是基于这种思想，张衡历时十年，写出了《东京赋》和《西京赋》。这两篇赋既描写了洛阳和长安的繁华，又深刻揭露和讽刺了帝王贵族寄生腐朽的生活，成为传世之作。

除了是个文学能手，张衡还特别爱好数学和天文学。公元 115 年，张衡被任命为太史令。太史令的职责是观察天文，制定历法，记录各地发生的灾异等等。

当时关于天体，宇宙的学说一共分三种：一种是天盖说，认为地是方的，天是圆的，像盖子一样罩在地上。另一种是悬夜说，认为天没有一定形状，日，月，星辰都自然地悬浮在天空中。还有一种说法是浑天说，认为天是浑圆的，像蛋壳，地像包在中间的蛋黄，日，月，星辰都在蛋壳上不停地转动。

张衡经过认真地观察和反复地实验，肯定了浑天说。这种学说虽然不完全精确，但比较符合观察的实际。

张衡为了形象地论证浑天说，还制造了一个仪器，叫“浑天仪”。浑天仪用铜铸成，是一个可以转动的球体。球体上刻着日，月，星辰，随着球体的转动，日，月，星辰的依次出现，和天空中星象出没的实际情况完全相同。

张衡还把浑天仪和计时用的漏壶连在一起，漏壶中水的滴漏带动浑天仪转动起来，一天一周。这样，一天里面什么星从东方升起来，什么星从西方落下去，坐在屋子里就可以看得清清楚楚。这在一千八百年前，实在是非常了不起的。

浑天仪的发明和演示，在当时引起了极大的震动。只可惜在封建社会里，人们长期受到封建迷信思想的束缚，创造发明得不到重视，这架精密的自动天文仪器到东晋以后就失落了。

张衡的第二大发明是与公元132年制作了世界上第一台测定地震防卫的仪器——地动仪。东汉时期，我国地震比较频繁。据史料记载，公元92至125年的三十多年中，共发生了二十六次较大的地震。张衡正生活在这个时期，对地震有亲身体验。为了掌握各地的地震情况，经过多年的精心研究，制造出了地动仪。

地动仪也是用精铜铸成的，圆径八尺，形似酒坛，上有隆起的圆盖。一起的内部中央立有一根“都柱”（起惯性摆动作用）。柱旁有八条通道，道中安有机关。仪器周围铸有八条龙，龙头对着东，南，西，北，东南，西南，西北，东北八个方向。龙头和内部通道中的机关相连，龙嘴是活动的，每条龙的嘴里都衔着一个小铜球。每条龙头下面，又放了一个张大了嘴的铜蛤蟆。要是哪个方向发生了地震，正对着这个方向的龙嘴会自动张开，铜球“口当”的一声恰好落在铜蛤蟆的嘴里。公元138年2月初三，安放在京都洛阳的地动仪突然动作，一枚铜球从位于西边的龙嘴里吐出，掉到蛤蟆嘴里。可当时在京城的人们对地震没有丝毫的感觉。也就根本不相信地动仪。

可是没隔几天，陇西（今甘肃省东南部）派人飞马来报，说前几天那里突然发生了地震，这才使人们真正信服地动仪的作用。陇西距洛阳一千多里，从洛阳无震感的情况分析，地动仪可以测出的最低裂度为三度左右，在一千八百多年前的技术条件下，测震灵敏度这样高，是一个非常伟大的成就。在张衡研制成功地动仪后，过了一千七百多年，欧洲才制造出同地动仪相类似的仪器。

张衡还创造了世界上第一架观测气象的仪器——候风仪，又叫相风铜乌。他在五丈高的杆顶上安一只衔着花的铜鸟，可以随着风转，鸟头正对着风来的方向。这架仪器和欧洲装在屋顶上的候风鸡相仿，但是欧洲到了十二世纪才有候风鸡的记载，比张衡晚了一千多年。张衡还造成了当时只在传说中才有的指南车，在科技上取得了丰厚的成果。

知识小述

张衡一生不为功名，不求利禄，在太史令的职位上兢兢业业工作了十几年，获得了好几项世界发明第一人的头衔。这么辉煌的成就是与他对待科学的严谨态度和豁达的处世方式是分不开的。皇帝给他升官，他拒绝，因为他把所有都倾注在科学上。这是一种多么伟大的精神啊！在我们学习的过程中，往往会有了点小成就就骄傲自满，一副“我是天下第一”的模样，要知道，越是谦虚谨慎，越是以永不满足的心态去做学问，才能取得更大的成就。科学家张衡的故事就告诉了我们这一点。

4 华佗与麻沸散

华佗（约公元145~208年），字元化，别名旉，东汉末年沛国谯郡（今安徽亳县）人。

那个时代，由于皇帝的昏庸无能，导致张角兄弟爆发了“黄巾大起义”，紧接着天下各路诸侯蜂拥而起，都想夺取天下。在这个战火纷飞的年代，人民生活在水深火热之中，痛苦不堪。华佗耳闻目睹了这一切，立志“以医济民”，想帮助人们解除痛苦。他刻苦钻研医学，熟读各种医书。并总结民间医术的经验，集各家之长，掌握了非常广博的医学知识和高超的医学技术。他精通内、外、妇、儿、针灸各科，尤其擅长外科手术，后世称他为“外科鼻祖”。

华佗对医学界最重要的发明是制造出世界上第一种麻醉药品——麻沸散。而且，他还是世界医学史上最早使用麻沸散施行全身麻醉进行手术的医学家。相比之下，欧洲人发明麻药，到现在只不过一百多年的历史。在这之前，用的是放血的方法。血放多了，人就晕过去，再进行手术。这种方法危险性极大，有很多病人由于失血过多而死亡。公元 1842 年，法国人黑克曼开始用二氧化碳作麻药，但是这只能用来麻醉动物，不能用在人的身上。公元 1844 年，美国人柯尔顿用笑气（一氧化二氮）做麻药，效果也不理想。直到 1848 年，美国人莫尔顿才开始用乙酸来做麻药。由此看来，世界医学界麻药的出现，至少比华佗的麻沸散晚一千六百年左右。华佗为了找到这种能令病人暂时感觉不到痛苦的药品在山间，树林里寻找了好久，亲口尝试了许多有毒的植物，可是始终一无所获，有一次，他找到一种还从未见过的东西，就尝了尝，没想到浑身竟然有麻嗖嗖的感觉，虽然被麻醉的身体没多大知觉，但他还是兴奋得手舞足蹈起来。后来，麻沸散就在这位勇敢的医生手底下诞生了。华佗用麻沸散和外科手术，挽救了不少用别的方法无法治愈的危重病人。有一回，一个推车的脚夫患了急性阑尾炎，病情很重。华佗诊断后让其喝下麻沸散，切腹为他割除了阑尾，他根本感受不到一丝痛苦，而且不久就恢复了健康。因此，华佗还是我国历史上有明确记载的第一位进行开腹手术的外科医生。后来，这种麻沸散又传到日本、朝鲜和摩洛哥等国，为许多病人解除了痛苦。

除此之外，防病于未然是华佗的一贯主张。他继承和发扬了我国古代“圣人不治已病，治未病”的预防疾病的思想。主张人需要活动，但不要过度科学合理的思想。他认为，活动能帮助消化，促进血液流通，不易发生疾病。这也就是先哲思想里“户枢不蠹”的道理。所以他就模仿五种禽兽（虎、鹿、熊、猿、鸟）的自然动作并把它们联系起来，编成一套使全身肌肉和关节都能得到运动和舒展的体操——“五禽戏”，并亲自教授和推广，使一些体弱多病的人受益匪浅。

华佗具有十分可贵的医德，他一生不求名利，不慕官禄，辛勤为百姓治病。足迹遍及江苏、山东、安徽、河南等地，深受人民的尊崇和爱戴。

知识小述

华佗发明了麻沸散和五禽戏，为深受战争伤害的人们消除了痛苦，也为增强人民体质做出了突出贡献。这两样伟大的发明虽然不像蒸汽机等技术能带来直接的经济效益，但却给普通民众巨大的好处，能够使所有人受益匪浅。这就是华佗为中国人民牢记的原因，他的热爱人民，服务人民的做法是令人无比敬佩的。

5 祖冲之与圆周率

不要以为科学都是从西方世界诞生出来的，在我们祖国古代的时候就已经冉冉升起了许多科学界的明星，他们的发明创造遥遥领先于当时的世界。

早在一千五百多年前的公元 459 年 9 月 15 日，我国有人成功地预测到了月食，并用生动的事实向人们宣布，月食并不是什么怪异现象，也不是人间吉凶的象征，人们经过科学测算是可以预先知道的。他就是我国南北朝时期的杰出科学家祖冲之。

祖冲之 (429–500)，字文远，出生于一个为朝廷掌管历法的官吏家庭里，范阳遒县 (今河北涞水县) 人。

早在青少年时期，祖冲之就对自古以来天文观测记录和制历方法进行了认真地研究，发现古代所谓“六历”(黄帝历、颛顼历、夏历、殷历、周历、鲁历)并非远古历法，而是“汉初周末”人伪托而成的。又经过“亲量圭尺，躬察仪漏，目尽毫厘，心穷筹策”的细致观察，发现古历有很多不够精确的地方。他大胆地对前人的观测和推算加以订正，着手改历的工作。经过艰苦的观测和计算，于公元 462 年，祖冲之完成了大明历。这是当时比较先进的历法，当时他年仅 33 岁。

大明六年(公元 462 年)祖冲之把历法呈交朝廷，请求批准使用。孝武帝让大臣们讨论。孝武帝宠臣戴法兴顽固守旧，竭力反对。他说“古人制章，万世不易”，改变历法是“诬天背经”。

在编《大明历》过程中，经过精心地计算，祖冲之确定 391 年中设 144 个闰月的闰法，使大明历更加精确，更加适应我国农业生产和人民日常生活的需要。

祖冲之另一成就还在于在历法计算中引进“交点月”的概念。“交点月”即月亮在天体中行进的路线同太阳在天体中运行的路线有两个交点(即黄白交点)，月亮两次经过同一交点的时间，叫交点月。由于日食和月食(统称交食)都发生在黄白交点附近，准确测出了交点月，就可以准确地预测出日月食。早在 459 年 9 月 15 日，祖冲之就成功地预测了月食，且以生动的事实向人们解释月食可以科学预测，并不是怪异现象，也不是人间吉凶的象征。这对当时的迷信说法是个很大的冲击。也难怪当权者对他的做法十分生气了。

就这样，祖冲之辛苦数年编成的《大明历》虽然有许多优点，但以戴法兴为首的顽固保守派却倍加为难，对《大明历》横加指责，恶意攻击，而朝廷的大臣都惧怕他的权势，随声附和他。而皇帝刘骏根本不懂历法。《大明历》在祖冲之生前，终于没能施行。祖冲之死后十年，公元 510 年，在祖冲之的儿子和一批有识人士的大力推荐下，《大明历》才被梁朝采纳施行。

祖冲之人生第一个伟大的成就被统治者否定后他并没有气馁，而是继续研究科学，终于，在数学上也很有造诣了。最为世人称道的是他对圆周率的计算。在祖冲之之前，魏晋时期的数学家刘徽在《九章算术注》中，创立“割圆术”推算出圆周率等于3.1416的重大成果。这在当时已属于相当准确的数据。但祖冲之想在前人的成就之上再造辉煌。经过许多年的艰苦钻研，他测算的圆周率值在3.1415926和3.1415927之间，这是世界数学史上第一次把圆周率准确推算到小数点后七位。直至一千年后，15世纪的阿拉伯数学家阿尔·卡西计算到小数点后16位，才打破祖冲之的纪录。祖冲之得出这一结果，需要对有九位有效数字的大数进行加、减、乘、除和开方运算，共一百多步，其中近50次的乘方和开方，有效数字高达17至18位之多。而在当时，还没有纸、笔和数码，而是用和后世珠算术类似的算法，即在纵横相间中罗列小竹木棍的筹算法进行。祖冲之为此所付出的艰巨劳动，令使用计算器和电脑的后人难以想象，并深深折服于他严谨认真的科学精神。

祖冲之不仅在数学、天文学方面有杰出的成就，他还有很多发明创造。他设计制造了利用水力推动的“水碓磨”，在大水轮的轴上安装了许多横木，随着湍急的流水冲动了大水轮，带动了好些石杵，一起一落地在石臼里舂起米来；还有一组安装在轴上的齿轮，带动石磨不停地转动，把粮食磨细。他又造过一种指南车。无论车子怎样行驶，车上的铜人始终指着南方。他又造有“千里船”，在新亭江上试行，一天可航行100多里。他因为诸葛亮有“木牛流马”，乃仿造一器，内置机械，不用多少人力能自己运行。祖冲之对音乐也有研究。还撰写过文学作品《述异记》10卷。他在任齐长水校尉时，曾写了《安边论》，提出“开屯田、广农殖”的主张。

祖冲之在科学上的光辉成就不仅使我们为之而感到自豪，而且他的科学精神在今天仍然有借鉴意义。

知识小述

在南北朝时期，能以无惧无畏的精神打破迷信，创造新历法，指出日食月食是自然现象而不是神仙作怪是需要多大的勇气啊！而且，祖冲之计算的圆周率的精密又是从小竹木棍上得来的，这又是需要多大的毅力的事！科学要求的是一种求真求实，坚持真理的伟大精神，要求敢于破除一切封建迷信的胆识和勇气，这是难能可贵的，也是我们现代人同样需要的。

6 毕昇发明活字印刷

自从汉朝蔡伦发明纸以后，书写轻便，经济多了，并产生了现代意义上的书。但是那时的书都是手抄本，耗费大量人力物力，在有钱买得起书的人眼中十分珍贵，所以就藏在自己的书房里秘不示人。由于普通人根本买不起书，所以“书贵”成了阻碍文化发展的一个大敌人。

大约在公元600年前后的隋朝，发明了最早的雕版印刷术，即在适宜雕刻的枣木（或梨木）板上刻上要写的文字，成为印版，然后在印版上刷墨覆纸，用力压后印出整版文字来。但刻书版需几年时间，一旦发现错误，就得重刻，不能串版、换字，非常耗时耗力。据史料记载，宋太祖开宝四年（公元971年），在成都雕版印刷的5048卷《大藏经》，用了12年，共雕版13万块，存放就占用了许多空间。

为了改进雕版印刷。我国人民进行了坚持不懈地努力，不断加以改进，终于由北宋的平民毕昇发明了活字印刷术。

毕昇出生在一个平民家庭，他在总结历代雕版印刷的丰富经验，经过反复试验后，在宋仁宗庆历年间（公元 1041 ～ 1048 年）制成了胶泥活字，并实行了排版印刷。这比欧洲活字印刷发明家古腾堡早了整整四百年！

毕昇首先将质地细腻的黏土，制成一个个规模一致的毛坯，毛坯稍晾干后，在一端刻反体单字，字划突起的高度如铜钱边缘厚度；刻成一批后，将泥字放在水中焙烧，成为单个的胶泥活字。之后，在一块铁板上铺上一层用松香、蜡和纸灰混合制成的药剂，并在铁板上放上一个大小符合要求的铁框；根据稿件需要的泥活字排满后，就将铁板移到火上加温，等药剂稍稍熔化时，用一块平板将字面压平，当铁板降温，药剂冷却凝固时，泥活字就都粘在铁板上，成为一块可供印刷的活字板了。

为了连续印刷，就用两块铁板，一版印刷，另一板排字，两板交替使用，加快印刷速度。印完之后，用火把药剂烤化，用手轻轻抖动，活字就可以从铁板上脱落下来。活字不用时，用纸贴上标签，按字的声韵排列，用木格贮存起来，以便再用时捡字方便。按每个活字的使用频率，毕昇准备不同数量的活字，如“之”、“也”等常用字，他就准备二十几个，以保证两板排版使用的需要。而一些不常用的字，特殊的事先未准备的僻字，就现场制作，速度也很快。

毕昇的活字印刷术发明后，我国劳动人民在推广使用过程中，根据胶泥活字原理，在活字的原料和排版印刷等方面又做了改进，使活字印刷技术不断向前发展。元朝初年有人用锡制造活字。元成宗大德二年（公元 1298 年），农学家王祯请木匠刻制木活字，并印制了《旌德县志》，他还发明了转轮排字盘和“以字就人”的拣字法，把活字依字的声韵排列在转轮上，排版时工人坐着转动轮盘拣字，提高了劳动效率。王祯写的《造活字印书法》，是世界上最早的系统叙述活字印刷术的文献。明孝宗弘治元年（公元 1488 年），无锡人华燧采用铜活字印刷，开始用字模浇铸铜活字，明末福建人饶化用铜字印刷；到 16 世纪初又出现了铅活字。

毕昇的活字印刷术后来传入朝鲜，又经朝鲜传入日本；经新疆传到波斯、埃及，再传播到欧洲乃至世界各地。这不仅促进我国文化的发展，而且为人类文化的交流做出了重大贡献。

知识小述

至此为止，影响文化传播和发展的两大发明：造纸和印刷术都完全问世。并且，它们还跟火药和指南针并称为中国古代的四大发明，对推动整个世界的进步都起到了至关重要的作用。在西方世界，印刷术帮助人们打破了封建教会的束缚，开始走向思想的自由，火药和指南针则为人们认识世界，环球航行做了有效的帮助。可以说，伟大的中国古代人民是推动世界进步的强大力量，平民毕昇对人类文明史的贡献是不可磨灭的！

7 黄道婆发明纺织机

元朝统一中国之后，战火连天的日子终于远去了，国内开始安定下来，这时候的主要任务，就是面对百废待兴的局面尽快地使被破坏掉的经济尽快得到恢复和发展，当时已经出现棉花而且它的种植很普遍，所以棉纺织业很快就发展起来了。

在江南的松江乌泥泾镇的一个贫苦的家庭里，突然传出了一个婴儿的啼哭声。由于家里太穷了，父母没法养活她，就让她去做了童养媳。在旧社会里，童养媳像奴婢一样，经常挨打受骂。有一天，黄道婆在田里干了一天活，累得全身筋骨疼痛，晚上回家就和衣躺下睡了。她的公婆看见了，把她骂了半天。黄道婆气不过，顶了几句，公婆竟把她拖下床来毒打了一顿。她的丈夫不但不加劝阻，反而帮着父母打她，还把她关在柴房里。倔强的黄道婆再也无法忍受这种非人的生活，她半夜逃了出来，躲到一艘船上到了崖州（今海南省海口市）。

海南岛是我国少数民族黎族人民聚居的地方。黎族人民很早就种植棉花，并有很高的纺织技术。他们创造了一套包括去籽、纺、织等工具，生产出许多花被、棉布和其他日用棉织品。这些产品十分美观、实用，深受内地人民的欢迎，是泉州商人经营的重要货物。黎族的棉织技术当时在全国是最先进的。黄道婆去海南岛之前，在乌泥泾一带，棉花去籽是用双手剥的，皮棉是放在板桌上，用线弦竹弓弹松的，效率很低，费工很大。

黄道婆到了海南岛以后，和黎族姐妹共同生活了大约三十年，把黎族同胞精湛的纺织技术完全学到了手。大约在元成宗元贞年间（公元1295 ~ 1296年），黄道婆越来越思念自己的故乡，就搭乘一艘商船，回到了乌泥泾镇。这时候，她大约五十岁了。回到贫瘠的故乡后，黄道婆决心把自己高超的纺织技术传授给乡亲们。

黄道婆把黎族同胞使用的纺织工具加以改进，请工匠们制作了一整套捍、弹、纺、织等工具。“捍”就是搅车，又叫轧车、踏车，利用上下两个旋转方向相反的转轴，把棉花相互辗轧，除去棉籽。这比用手剥去棉籽，效率自然要高得多。“弹”就是弹棉花用的椎弓。黄道婆改制的弓有四尺多长，比以前所用的一尺四五寸的弓大得多，并用弹力大的绳作弓弦，所以弹起棉花来又快又好。“纺”是纺车。黄道婆创制的纺车，是可以同时纺三根纱的脚踏纺车，比以前使用的一个纺锭的手摇车，速度快，效率高。“织”就是织布机。在黄通婆那个时候，用的提花机，已经能织出许多美丽的花布。她还教人们学会错纱、配色、综线、挈花等技术。所织成的被、褥、带、手巾等，上面都有折枝、团凤、棋局、图案字等花饰，十分鲜艳美观。她还把黎族特产的棉织品——崖州被的织造方法传授给镇上的妇女，从而生产了大批的“乌泥泾被”。当时“乌泥泾被”闻名全国，远销各地。黄道婆去世的时候，乌泥泾人个个悲痛流泪，把她安葬在今天华泾镇北面东湾村，还专门建造了祠堂，塑了她的像，逢年过节都要为她举行祈祷仪式。

知识小述

由于黄道婆把当时黎族先进的棉纺织技术传播到了江苏，使那里迅速成为纺织业的中心。她还改进了纺织技术，使所有的人都能穿上暖和的棉衣，舒服的棉被。可以说，黄道婆的功绩不仅是对于当地经济而且对全国人民来说，都是巨大的。

到了明代时候，乌泥泾所在的松江地区已经成为全国棉纺织业的中心，赢得了“衣被天下”的美誉。

第十章

历史上神童的故事

我国是一个崇尚智慧的国家，在漫漫历史长河中，涌现出无数的早慧的天才儿童，他们或是少有辩才，或是懂得机械原理，或是能够出口成章，或是机智勇敢。这些小“人物”的传奇故事，不仅让我们对其深深地敬佩，也让我们学习那种注重观察，开动脑筋，临危不惧，勇敢解决问题的精神。只要遇事多调动智慧，大家都可以变成“天才”，从普通人到“神童”，其实只有一步之遥。

1 童区寄智杀强盗

战国时候，有个穷苦人家的孩子叫区寄，他每天在柳州打柴放牛。有一天，意想不到的事情发生了。这天阳光灿烂，是个难得的好天气，他像往常一样，一边放牧一边打柴，可是不知道从哪里窜出了两个强盗，他们抓住区寄，反背着手捆起来，用布蒙住他的嘴，带他走了四十多里，打算到集市上卖他。区寄假装像小孩似的啼哭，害怕得全身不停地发抖，像小孩常有的那样。强盗以为他好对付，就互相敬酒痛饮，觉得卖掉这个小孩儿后自己就有了钱了。后来，两人都有点醉了。酒喝干净后，一个强盗去交涉买卖；另一个躺着，把刀插在路上。孩子暗地里察看他睡着了，就悄悄地把捆手的绳子靠在刀刃上，用力上下磨刮，绳子终于被割断，就拿起刀来杀了他。孩子还来不及逃远，去交涉买卖的强盗回来了，他一把抓住孩子，十分震惊，要杀害孩子为死去的同伙报仇。区寄急忙说："大王啊，您想一想当两个人的仆人，哪比得上当一个人的仆人呢？他待我不好，你果真能保全我的生命，并且好好待我，怎么处置都行。"去交涉买卖的强盗盘算了很久，心想："与其杀了这个童仆，不如把他卖了；与其卖钱两个人分，不如我一个人独占。幸好这个孩子杀了那家伙，好得很！看来这回是上天让我一个人发财啊！"想完后就哈哈大笑起来，藏起那个强盗的尸体，带着孩子到集市上窝藏强盗的人家，把孩子越发捆绑结实。

半夜，孩子自己翻转身，让捆绑的绳子靠近炉火把它烧断，可是这样一来火把手也烧伤了，区寄咬紧牙关忍着痛，终于绳子断了。区寄吹了吹伤到的手，镇定地找到强盗用的刀；又拿起刀杀了这个要卖掉他的强盗。接着大声哭叫。整个集市的人都大吃一惊。孩子说：“我是区家的孩子，不是别人的仆人。两个强盗抓了我，我幸好把他们都杀了。希望把这件事报告官府。”管集市的小吏听说后马上把区寄说的话报告州官，州官又报告上级官员太府。太府召见孩子，原来这个杀了两个强盗的孩子既幼小又老实呢。刺史颜证觉得他与众不同，留他当衙门小吏，他不肯。就给他衣服，让小吏护送他回到乡里。乡里抢劫绑架的人，不敢正眼看他，不敢经过他的家门，都说：“这孩子比秦武阳还小两岁，被劫持走非但没有受到伤害，却杀了两个强盗，怎么能接近他？”

知识小述

区寄被强盗绑架，面临危机的状况，他能勇敢聪明地用计谋杀掉两个强盗，确实是个少年英雄。我们大家要学习他遇到危险镇定不惧的精神，学习他努力想办法克服困境的做法，而不能手忙脚乱，不知所措。

2 王充十五入太学

在东汉章帝时期，出现了中国历史上第一位唯物主义思想家　王充。他所作的《论衡》一书，对破除封建迷信，宣传唯物主义思想有重大意义。在公元 1 世纪的时候，犹如一盏闪烁着智慧之光的明灯，它的光芒刺破了封建社会的黑暗。

王充是会稽上虞（今浙江省上虞市）人，他从小就特别喜爱学习，经常一个人坐在家里读书，不喜欢和小伙伴们一起出去玩耍。父亲见他一天总是这样，就奇怪地问:“充儿，你看小伙伴们在一起玩儿得多热闹啊！你怎么不去跟大家在一起玩儿呢？”

王充一边看书，一边说:“他们不是上树逮鸟，就是爬高爬低的，我不喜欢！”

“那你喜欢玩儿什么呢？”

“我不喜欢玩儿，我只喜欢看书写字！”王充用稚嫩的声音说。

王充8岁那年，父亲就送他进书馆去读书。有一回，老师给学生们讲《论语》和《尚书》这两部古书，并要求学生学完后要会背诵。后来，当老师讲完这两本书以后，才过了三天，老师就让王充背诵，结果王充一字不错地背了下来。老师听得又惊又喜，觉得他真是个奇才。于是就问他:“刚学完两本书，你怎么这么快就背下来了？”王充认真地说:“老师，您讲一段，我就背一段，您当天讲的书，我在当天就背会了。所以，您把这两本书讲完了，我也就把它们背下来了。”“当日事当日毕，真是个勤奋的好孩子啊！”老师抚摸着他的头，由衷地称赞着。

因为王充学习进步快，15岁的时候，他被送到当时位于国都洛阳的全国最高学府——太学里学习。在那里，他遇到了当时著名的历史学家班彪。班老师知识渊博，讲课时，经常旁征博引，联系许多课外知识。这引起了王充极大的学习兴趣，为了弄清老师课堂上所讲的东西，他常常把老师提到的书名记下来，并想方设法找来阅读。就这样，他把太学里的书差不多都读遍了。于是，他便开始把街上的书铺当做自己的书房，不管是隆冬严寒，还是刮风下雨，他每一天都早早来到书铺，帮人家干点儿零活儿，然后自己读书。整天钻在里面，专心致志地读。有的时候，他在书铺里一站就是一整天，连吃饭、休息，全都忘了。就这样，他读完了一家书铺的书，又跑到另一家书铺去读，几乎读遍了街市上所有书铺里的书。而且他的记忆力特别的强，一部新书，读过一遍就能把主要内容背下来。这样，他的知识就像水滴一样源源不断地汇聚成了大海。

王充就是靠着孜孜不倦的学习精神，学问一天天渊博起来。太学里的老师和同学都夸说："王充真是个博学多才的百家通呀！"后来，他终于成为我国历史上一位著名的思想家。

知识小述

王充是个读书的奇才，有过目不忘的特殊才能。但是，如果他不勤奋地学习上进，而只是一味贪玩好耍的话，这项才能便会发挥不出来，王充也就不会获得那么多的知识，成为知识渊博的大学问家了。可见，不管一个人小时候多聪明，有多高的能力和天赋，如果不学习，不锻炼大脑的话，也一定不会有所成就的。所以说，勤奋学习加上聪明的大脑，你就可以获得好成绩。

3 曹植才高八斗

我国南朝时期，宋国的谢灵运，是古代著名的山水诗作家。他开创了文学史上的山水诗一派，善于描写山水名胜，刻画自然景物。谢灵运这个人一向不怎么谦虚，而是非常自命清高，把任何人都不放在眼里。宋文帝如此礼待于他，更使他狂妄自大，目空一切，经常出言无忌。有一次，他一边喝酒一边自夸说："魏晋以来，天下的文学之才共有一石（一种容量单位，一石等于十斗），其中曹子建（即曹植）独占八斗，我得一斗，天下其他的人共分一斗。”可见，他还是相当敬佩曹植的才华的。

曹植的学识渊博异常，简直不能叫才华横溢，而要叫才华泛滥了。

曹植出生在公元192年，是三国时魏侯曹操的儿子，他生性淳朴，知识渊博。虽然曹植一生抑郁不得志，但是他却留下了许多流传千古的诗赋，成为我国文化宝库中一颗耀眼的明珠。他的代表作有《赠白马王彪》、《洛神赋》、《辩道论》等。

曹操大儿子曹昂在张绣叛变时打仗战死了，三儿子曹彰是个大老粗，只喜欢武艺，不喜欢文学，四儿子曹熊体弱多病，不像个长寿的样子，只有二哥曹丕是个有才能，文武兼备的人，可是论学识和聪明都比这个弟弟还差得远呢！曹植小时候就不像几位哥哥那样好动，经常自己待在房间里抱着书卷诵读。他10多岁时就已经读诗书几十万字，完全能够出口成章，下笔成文了。曹操非常喜欢聪明的曹植，好几次都想立他为太子。可是他的哥哥曹丕非常嫉妒曹植，因为没有曹植，他就可以当太子了。曹丕耍了很多手段陷害曹植，终于使得曹操越来越不喜欢曹植，就立曹丕为太子。曹操死后，曹丕立即杀了两个经常为曹植出谋划策的名士，还一步步地逼迫曹植想置他于死地。有一次，曹丕让曹植在七步之内作出一首诗，否则就将他拉出去斩首。曹植看到同胞哥哥如此绝情，心里非常难过，可是也没有办法，这时曹丕看到殿上挂着的一幅水墨画，上面画着两头牛，在土墙底下角斗，一头掉到井里摔死了。曹丕就指着这画对曹植说，就以这画作题目吧。曹植沉思了一下，走出七步，诗就有了，他念道：“两肉齐道行，头上带凹骨。相遇在山下，欻起相搪突。二敌不俱刚，一肉卧土窟。非是力不如，盛气不泄毕。”曹丕和大臣们觉得曹植有这样的才华真是让人太不可思议了。可是曹丕并不愿意就这样放走曹植，就又说：“七步成诗还是太慢了，你还是马上吟一首出来吧！”曹植不加思索地出口吟道：“煮豆持作羹，漉豉以为汁。其在釜下然（通燃），豆在釜中泣。本是同根生，相煎何太急。”曹植用豆子和豆梗来比喻手足兄弟，意思是说燃烧的豆梗正在煮着锅里的豆子，两者本是同根，为什么要互相残杀呢？曹丕听了这首诗，感到非常惭愧，所以就没有杀死曹植，而是把他贬到远离京城的封国做安乡侯去了。后来，人们把曹植在七步之内作的这首诗称为“七步诗”。

知识小述

曹植凭借自己过人的才华保住了性命，可以说是比较幸运的。他之所以能够七步成诗，出口成章，并创作出流芳百世的文学作品来，是与他从小到大的文学素养的积累是分不开的。因此，如果我们对某一方面的学问有非常大的兴趣的话，最好要从现在开始起就锻炼自己在这方面的能力，积累在这方面的知识，总有一天也能被别人夸奖是个“才高八斗”的人的。

4 诸葛恪筵席显智慧

诸葛恪是三国时期吴国的大官诸葛瑾的儿子，同时也是蜀国丞相兼军师诸葛亮的侄子。这个人小时候反应敏捷，特别聪明，得到很多人的夸奖和称赞。在他六岁时，有一次东吴的高官在一起聚会，诸葛恪也跟随父亲诸葛瑾参加了。

因为诸葛瑾脸长得长，孙权就想当众拿他这个“缺点”取笑一番。于是，孙权命人牵来一头驴，用粉笔在驴脸上写了“诸葛子瑜”四个大字（子瑜是诸葛瑾的字）。大家一看，都乐开花啦！唯独诸葛瑾哭也不是笑也不是，十分难受。诸葛恪看到这种尴尬的情况，没有感到羞耻悄悄地溜走，而是走到驴跟前，若无其事地用粉笔在驴脸上添了两个字"之驴"。这样一来，这头驴就成了"诸葛子瑜之驴"了。大家一看，特别惊讶，没想到诸葛恪这个小孩儿竟然有如此的智慧，悄悄地就把难堪的场面化解了！吴国国主孙权看到了也十分欢喜，说："既然是诸葛瑾的驴，你就把它牵走吧！"

还有一次，吴主孙权又请客。孙权让诸葛恪轮流向各位大臣敬酒。当敬到张昭面前时，张昭不喝，说："喝酒可不是什么好的养生之道啊！"孙权对诸葛恪说："你能强迫这位长辈喝下这杯酒吗？"诸葛恪笑笑，转过头来问张昭："当年辅佐周武王打天下的姜尚姜太公，都九十多岁高龄了，还亲自拿着武器上战场，他并没有说过自己老了这样的话，现在要说上阵打仗，你比他要晚上很多岁，要说喝酒，你又比他年轻许多，怎么能说喝酒不是养老的方法这样的话呢！"张昭听了，不知道用什么话来反驳他，只好把酒喝了。

孙权看到诸葛恪真是太聪明了，就特别喜欢他，并且让他辅佐吴国的太子。

知识小述

年仅六岁，就知道巧妙地化解矛盾，就有过人的见识和口才，诸葛恪也称得上是神童了。但是对于天生的智慧，过分宠爱却不是什么好事。只有先注重自身品德修养，再将智慧发挥出来人才能成就大事。诸葛恪后来的悲剧就在于他恃宠而骄，刚愎自用，不能听取别人的意见。可见如果过分纵容聪明的儿童，也是不会让孩子取得真正的成功的。

5 荀灌幼女搬救兵

在西晋末年，许多有政治野心的地主官僚和少数民族上层人物，趁机起兵反晋，争夺地盘，扩张自己的势力。晋怀帝永嘉四年（公元310年），荆州一带有个叫杜曾的小官僚，利用流民起义的力量，攻城夺地，发展自己的势力。

他在打败晋朝的荆州刺史陶侃以后，气势汹汹地带着人马向沔江边的宛城进发。

那时候，驻扎在宛城的晋朝官员名叫荀崧，手下兵力不多。他见杜曾带兵把宛城团团围住，赶忙召集将领和谋士商量对策。有个谋士上前建议说："将军的老朋友石览，现在襄阳做太守，您现在应该派人到他那里去请救兵！"经谋士一提醒，荀崧觉得很有道理，就马上提笔写了一封求援信，向石览求救。信写好了，新问题又出来了，荀崧问："谁能冲出重围，把这封信送到襄阳去？"问了半天，竟然没有人敢接受这个要冒风险的任务。荀崧长长地叹了口气，把信收了起来，急得在大厅里来回走动。

忽然间，从后厅传出带着几分稚气的声音："爹爹！女儿愿去！"荀崧一听，知道是小儿女荀灌。他不禁又惊又喜：惊的是女儿荀灌竟有如此胆量；喜的是她能够为自己分担忧愁。他对荀灌说："你愿去请求救兵很好。只是杜曾的军队把城围了好几重，靠你这个弱小的女孩，如何能突出重围！"荀灌见父亲不放心，连忙说："爹爹！女儿平日跟将士们练武艺，学会了刀枪弓箭。我相信自己一定能够冲出重围，去给石览叔叔送信，请您放心好了。"

荀灌那年十三岁。她从小喜欢读书，尤其喜欢读兵书，还喜欢学习骑马射箭，舞刀弄枪，早就练就了一身好武艺。荀崧虽然有些舍不得自己的女儿，可眼下没有别的办法，就答应了她的请求，把求援的任务交给了她。荀灌从父亲手里接过书信，向在场的人说："我虽然愿意突围去请救兵，但是年纪小，光靠我一个人不行；诸位叔叔伯伯，有谁愿意和我同去的，请站出来！"将士们纷纷报名，要求同行。荀灌挑选了几十个精明强悍的壮士，叫他们先回营准备，约定半夜动身突围。

到了半夜，荀灌和壮士们饱餐一顿，穿上轻衣轻鞋，敏捷地走上高高的城墙，悄悄地把绳子垂下去。荀灌第一个缒城而下，几十个壮士也随着到了城外，趁着月黑风高，他们急速地向远方跑去。这时候，杜曾还以为宛城指日可破，正在喝酒作乐呢。荀灌一行离城越来越远，围城的哨兵忽然发现这一队人影，立刻喊叫着追了过来。荀灌对大家说："不要恋战，且战且走，只要进了山，他们就没办法了。"说着她手举宝刀和敌兵拼杀了起来，边杀边退。几十名壮士也一拥而上，打散了敌兵。等杜曾闻讯赶来的时候，荀灌他们早已经跑进深山密林中无影无踪了。

荀灌和壮士们一路连夜急行军，不久就赶到襄阳，襄阳太守石览，本来是荀崧的部下，他看见这年仅十三岁的少女荀灌，竟然能突出重围，前来求救，不由得肃然起敬。石览看过荀崧的来信，又和荀灌谈了一阵，当即决定亲自带兵去援救荀崧。为了请到更多的救兵，荀灌还用父亲的名义写了一封信，派人送到寻阳太守周访那里，请求援助。她自己和石览带着救兵先回宛城。

寻阳太守周访，得知好朋友荀崧被围，也立即派遣儿子周抚带领三千人马，连夜奔赴宛城援救。周抚的援军还在途中，荀灌和石览的援军已经到达宛城。荀灌把援军到达的消息写成信，绑在箭上，射入城中，告诉城内军民。荀崧接到信，立刻决定亲自指挥人马杀出城去接应。

在城里外部队的配合下，杜曾的部队很快就给消灭了。

知识小述

荀灌以十三岁的年纪就敢冲破敌军的包围去搬救兵，她的勇气受到了世人的一致称赞。但是如果没有高超的武艺，没有满脑子的知识来武装自己，恐怕荀灌也难以得到成功。因此，想要做一番事业，是必须要有基础的，要有能力办好这件事的基本技能，也就是我们常说的“艺高人胆大”。

6 黄庭坚五岁诵《春秋》

黄庭坚，字鲁直，号山谷道人，又号涪翁，是北宋著名的诗人、词人、散文家和书法家。

他出生于一个书香门第。家里面十分重视礼仪和文化素养的培养。他的父亲黄庶是一位诗人，作诗学杜甫，著有《伐檀集》。舅舅李常也是一位诗人兼藏书家，苏轼曾为他的藏书作过记。李常写诗也学杜甫。他们的文学活动对庭坚产生了重要的影响。

黄庭坚从小就是个十分聪明的孩子，庭坚 5 岁时，就已经会背诵五经。有一次，他问老师：“人们都讲六经，为什么你只教我读五经呢？”老师觉得他一个小孩子，说了他也不明白，于是就随口答道：“《春秋》不必读。”庭坚听了觉得奇怪，心里说：“既然是经，怎么能不读呢？如果不读，它不是白白浪费知识了吗？”于是，他从父亲的书房里找来一本《春秋》认真研究起来，用了 10 天就一字不落地把书给背下来了，大人们见了，都说黄庭坚是个爱学习的好孩子，他“神童”的美名也就传开了。有时，舅舅到黄庭坚家里来，常常随意抽取书架上的书考问他的学问，他都能对答如流，舅舅十分喜爱他。

可是天有不测风云，人有旦夕祸福，在黄庭坚十几岁的时候，他的父亲不幸去世了，他和母亲相依为命。但是，黄庭坚并没有因为母亲的宠爱而放纵自己，不去学习，而是比以前更加努力了，他的知识也越积越多，见识也越来越高深。后来，15 岁的庭坚跟着舅舅去淮南游学，结识了许多文人雅士，他们之间经常互相切磋学问，黄庭坚学业日益精进。

一次，诗人孙觉与王平甫争论杜甫《北征》诗与韩愈《南山》诗哪一首写得更好，孙觉认为《北征》写得比《南山》好，王平甫则认为《南山》比《北征》写得好，两个各有各的理由，各有各的见解，最后争得面红耳赤，但始终谁也说服不了谁。正巧这时候庭坚也在座，听他们争论不休，就对他们说："两位前辈不要再争论下去了，你们说得都有道理。请听我说一句：如果从诗的形式的工整精巧上说，《北征》不及《南山》；如果从继承古代诗歌风雅的优秀传统，表现一个时代的社会现实方面讲，那就不能不提到《北征》这首诗，而《南山》不提也没什么关系。"这一席话说得两位前辈心服口服。他们都很佩服黄庭坚小小年纪就能有这样的见识。

有一次，他遇到了散文家曾巩，两个人一起讨论学问。曾巩说："司马迁的文章是学习《庄子》的语言和写作手法的，班固的文学功底则是学习《左传》的。司马迁、班固文章的优劣也就是《庄子》、《左传》两书的优劣。"黄庭坚听了曾巩的话，很不以为然。他觉得这样的评价不客观，也不妥当，于是他说："司马迁文章学习《庄子》，已达到《庄子》一书的精妙之处；班固的文章学习《左传》，却是他自己学习的火候不到，学得不高深尚未达到它的妙处罢了。但《庄子》用寓言故事说理，文章写得如天马行空一般的潇潇洒洒；而《左传》以记录史实为主，文章的品格、语言的生动并不低于《庄子》，可见《左传》的行文方式更难，要想得到人们的夸奖和称颂也就更难。

因此，司马迁、班固的文章并不能完全与《庄子》、《左传》等同起来，只比较他们二人的文章就可以了。”曾巩认为庭坚的见解很有道理。

黄庭坚就是这样，不但自己天资聪颖，而且勤奋好学，不迷信已取得成就的大人物的评论，而是在与亲友的互相讨论切磋中，使自己的学业日益进步，最后终于成长为一名性格鲜明的大文学家的。

知识小述

黄庭坚有智慧，更有勇气。他不迷信大人物的见解。凡事都有自己的一套看法并且勇于把它说出来。在我们学习的时候，真正能做到不迷信，不盲从的能有几个人呢？“尽信书不如无书。”当我们做学问时，如果不善于发现问题，也就不会主动去解决问题。长此以往，脑筋必然会形成一种书本即是正确的观念，从而让我们不会再去学着创新了。因此，勇敢地拿出你的质疑精神来吧！